Herbert Haag

BILDUNG UND ERZIEHUNG
IN DEUTSCHLAND

NIEDERGANG UND AUFSTIEGSCHANCEN

```
Die Deutsche Bibliothek – CIP-Einheitsaufnahme
Haag, Herbert:
Bildung und Erziehung in Deutschland : Niedergang und
Aufstiegschancen / Herbert Haag. - Berlin : Logos-Verl.,
2002
        ISBN 3-89722-860-2
```

ISBN 3-89722-860-2

Logos Verlag Berlin
Comeniushof, Gubener Str. 47,
10243 Berlin
Tel.: +49 030 42 85 10 90
Fax: +49 030 42 85 10 92
INTERNET: http://www.logos-verlag.de

DANKADRESSE

Für das Zustandekommen dieses Buches war es sehr hilfreich, dass der Autor sowohl in längerer als auch kürzerer Zeitperspektive mit der freundlichen Unterstützung und Hilfe zahlreicher Personen rechnen konnte.

Der Dank geht somit zunächst an viele Studierende, mit denen interessante Diskussionen zu bildungs-, berufs- und wissenschaftspolitischen Themen geführt werden konnten. Diese Diskussionen zeitigten Anregungen, die im vorliegenden Buch ihren Niederschlag gefunden haben.

Doktoranden des Instituts für Sport und Sportwissenschaften der Christian-Albrechts-Universität zu Kiel haben sich dankenswerterweise bereit erklärt, das Manuskript Korrektur zu lesen. Gedankt sei hier André Bigott, Jana Grube und Birte Kaulitz für wertvolle Anregungen.

Renate Joesten hat als Künstlerin zu den vier Kapiteln des Buches je eine Zeichnung entworfen, die den Inhalt des Kapitels thematisiert. So sollen die Leserinnen und Leser auch bildlich auf den jeweils folgenden Text eingestimmt werden. Daneben hat sie auch die Korrektur der Endfassung des Textes übernommen. Dabei ging es zunächst auch um Formalia. Das Hauptaugenmerk hat sie jedoch darauf gelegt, dass der Text auch die Personenkreise anspricht, die mit diesem Buch v. a. erreicht werden sollen. Dies betrifft insbesondere Eltern, Lehrende in der Schulbildung, Personen, die in der Berufsqualifizierung tätig sind und schließlich die Personenkreise mit Bezug zur Berufswelt. So hat sie einen wesentlichen Beitrag dazu geleistet, dass die Voraussetzungen für eine Breitenwirkung des Buches gelegt sind. Für dieses große Engagement sei Renate Joesten an dieser Stelle gedankt.

Schließlich hat Sabine Kalis mit viel Sorgfalt die textliche Gestaltung geleistet und das Manuskript in der Endform erstellt.

Dem Logos Verlag Berlin sei schließlich gedankt für die gute Kooperation beim Druck des Buches.

Kiel, im Januar 2002   H. Haag

VORWORT[*]

Dieses Buch wurde am Ende einer 43-jährigen beruflichen Tätigkeit (1959-2002) mit unterschiedlichen Stationen und den folgenden Aufgaben geschrieben:

> Lehrer an einem deutschen Gymnasium und einem Community College in den USA,

> zuerst Wissenschaftlicher Assistent, dann Akademischer Rat und Professor für das Fach Sportwissenschaft an verschiedenen Universitäten des In- und Auslands,

> Gastprofessor und Kongressteilnehmer (Hauptvorträge) im In- und Ausland,

> in der Forschung engagierter Sportwissenschaftler,

> langjähriger Direktor von Sportwissenschaftlichen Hochschuleinrichtungen (Instituten),

> Mitglied in Selbstverwaltungsorganen der Universität (Dekanat, Senat, Fakultätskonvent, verschiedene Kommissionen und Ausschüsse),

> Direktor des Deutschen Olympischen Instituts (DOI),

> Präsident von nationalen und internationalen Verbänden für Sport, Sporterziehung und Sportwissenschaft,

> Autor von Büchern, Beiträgen in Büchern und Zeitschriftenaufsätzen,

> Herausgeber von Zeitschriften und Schriftenreihen.

Die Vielfalt an *beruflichen Erfahrungen* bildet die Grundlage dieses Buches und schlägt sich in der Konzeption und den Aussagen der vorliegenden Analyse nieder. Das Buch ist im Hinblick auf die bildungs- und wissenschaftspolitischen Aussagen auf *Schulbildung* und *Berufsqualifizierung* bezogen. Eingebettet sind diese Aussagen in eine enge Verbindung zur *Elternwelt* und *Berufswelt*. Dabei ist Ganzheitlichkeit ein Grundpfeiler des Buches, da ein großer Mangel heutiger gesellschaftlicher Realität in der Segmentierung des menschlichen Lebens besteht, bei der Zu-

---

[*] Mit der durchweg verwendeten männlichen Form ist auch die weibliche Form angesprochen.

sammenhänge, Abhängigkeiten und Bezüge oft nicht hergestellt bzw. gesehen werden. Damit lässt man eine wesentliche dynamische und verantwortungsbewusste Gestaltungskraft des Lebens von Menschen als Individuen und als Teil der Gesellschaft ungenutzt. Diese – oft verschüttete – Gestaltungskraft soll somit Anregungen zur Reaktivierung aus dieser Veröffentlichung erhalten.

Das Buch ist geschrieben in einer Zeit großer *Verunsicherung,* v. a. auch im Selbstverständnis von Bildung und Erziehung, Wissenschaft und Forschung, Aus-, Fort- und Weiterbildung sowie von Kulturbereichen wie Musik, Kunst, Theater, Literatur und Sport.

Es soll hierüber jedoch nicht Klage geführt werden. Es gilt vielmehr auf Sachverhalte hinzuweisen, die heute wieder verstärkte Aufmerksamkeit erlangen müssen. Zur Veranschaulichung werden dabei konkrete *Probleme* angesprochen, um schließlich *Lösungsmöglichkeiten* zu benennen, die kurz-, mittel- oder langfristig realisiert werden können, wenn man gewillt ist auch ein gewisses Maß an Phantasie, Kreativität und Führungsstärke zu zeigen.

Das Buch enthält also eine Aufforderung zum „*Positiven Denken*". Es will nicht beim Aufweisen und Beklagen von Defiziten stehen bleiben, sondern zur unmittelbaren Veränderung von Bildung und Erziehung anregen, die heute als globale und internationale Herausforderung deutlich auf der Hand liegt.

Vielen *Personen* hat der Autor zu danken. Die Kommunikation und der Gedankenaustausch mit Ihnen machte das Schreiben dieses Buches erst möglich. Zu nennen sind:

Die eigene Familie, Schüler, Studierende und Kollegen in den verschiedenen beruflichen Stationen des Autors, insbesondere die Chance zum Gedankenaustausch auf internationaler Ebene auf allen fünf Kontinenten. Dieser Gedankenaustausch hat beim Autor v. a. dreierlei bewirkt:

> Er lernte viel Neues und Interessantes aus anderen Kulturbereichen, erfuhr damit Bereicherung und musste zugeben, wie begrenzt die eigene Kenntnis anderer Länder ohne diese Auslandsaufenthalte gewesen wäre.

> Er verstand sein eigenes Land besser auf der Grundlage dieser oft alternativen internationalen Erfahrungen.

> Er konnte immer auch von anderen Ländern lernen, und zwar nicht durch unreflektierte Übernahme von Gedankengut, sondern durch gezielte Auswahl von Problemlösungen, die im sozio-kulturellen Kontext von Deutschland übernehmbar schienen.

So verbindet der Autor mit dem Erscheinen dieses Buches die Hoffnung einen konkreten Beitrag leisten zu können beim Auffinden von Wegen zum Bestehen globaler Herausforderungen für *Schulbildung* und *Berufsqualifizierung,* eng verbunden mit den Bereichen der *Elternwelt* und der *Berufswelt.*

Manche Positionen, Gedanken, Vorschläge und Perspektiven des Autors sind bereits verwirklicht, manche nicht (deshalb *Niedergang* im Untertitel), oder sie stoßen gar auf Ablehnung. Wenn sie insgesamt wenigstens zum Nachdenken und Überlegen anregen können und damit *Aufstiegschancen* wahrgenommen werden, ist der vom Autor auf dem Gebiet von Bildung und Erziehung in Deutschland dringend geforderten Dynamik und Wandlung mit Augenmaß bereits gedient, denn „Stillstand ist Rückschritt" und „das Gute ist der Feind des Besseren".

Kiel, im Dezember 2001   Herbert Haag

EINFÜHRUNG

Für das Verständnis dieses Buches sind folgende Grundannahmen wichtig:

> Der wenig erfreuliche Zustand unseres Bildungs- und Erziehungswesens bedarf keiner weiteren ausführlichen Darstellung. Er ist Tatsache.

> Klagen auf hohem Niveau führt nicht weiter. Das Aufzeigen einer positiv-kritischen Wende ist Ziel dieser Analyse.

> Der Slogan „Kinder und Jugendliche sind unser größtes Kapital" soll nicht weiter als Worthülse dienen, sondern konkret mit Inhalt und Zukunftsorientierung gefüllt werden.

Im Sinne einer ganzheitlich orientierten Analyse werden auch Aussagen im konstruktiven Sinne zur *Elternwelt* und *Berufswelt* gemacht, als wichtige Bezugspunkte für die Schwerpunkte der *Schulbildung* und *Berufsqualifizierung*.

Einführung heißt eine erste Auseinandersetzung mit den zentralen Begriffen des Titels bzw. Untertitels dieses Buches.

Elternwelt ist der erste Bezugsrahmen; dies heißt, dass die Eltern in Bezug auf Schulbildung und Berufsqualifizierung sowie die spätere Berufswelt als zentrale Bestimmungs- und Handlungsfelder angesehen werden. Eltern können und dürfen sich nicht von dem Feld der Erziehung in dem falschen Glauben gleichsam verabschieden, dass andere Bildungs- und Erziehungsinstitutionen „es schon richten". Eltern-Sein ist Herausforderung und Chance, Verpflichtung und Gestaltungsraum, Verantwortung und Erfüllung. So ist es zu verstehen, dass Elternwelt als ein wesentlicher Faktor in dem Vierschritt Elternwelt – Schulbildung – Berufsqualifizierung – Berufswelt angesehen wird.

Dieses In-die-Pflicht-Nehmen der Eltern wird durchaus im Kontext moderner Gesellschafts- und Arbeitsverhältnisse gesehen und hat nichts zu tun mit nostalgischer „Rückwärtsbewegung". Es ist vielmehr im Sinne von positivem Denken in die Akzeptanz moderner und nicht umkehrbarer gesellschaftlicher Entwicklungen eingebettet. Als Metapher könnte ein ähnliches Bild wie das zur kopernikanischen Wende dienen: „Und es gibt die Eltern doch".

Schulbildung steht oft im Brennpunkt von theoretischen Diskussionen. Es hat jedoch den Anschein, dass Schule als zentrale Institution bzw. dieses grundlegende Teilsystem unserer Gesellschaft auf der Praxisseite sowie auf der Seite angemessener und notwendiger Initiativen oft stiefmütterlich behandelt wird. Die Diskrepanz zwischen Anspruch und Wirklichkeit ist groß, teils kaum überbrückbar und oft Garant für lähmende Beharrlichkeit. Es scheint an einer gesunden Mischung aus Bewahren von Erhaltenswertem und Verändern von Notwendigem zu fehlen. Dieses Sechstel bis Siebtel der durchschnittlichen Dauer eines menschlichen Lebens muss wieder ein entsprechender Schwerpunkt werden im Bemühen das menschliche Leben sinnvoll und mit Lebensqualität zu gestalten.

Es wird darauf ankommen in der Analyse zu verdeutlichen, dass viele Vorschläge, Anregungen und Ideen vorhanden sind, und dass es insbesondere darauf ankommt diese umzusetzen. Die Tatsache, dass Schule der einzige Ort ist, an dem eine Gesellschaft alle ihre Mitglieder, die in der Zukunft diese Gesellschaft tragen werden, bilden und erziehen kann, sollte Anlass genug sein die Institution Schule wieder stärker und verantwortungsbewusster in die Pflicht zu nehmen.

Berufsqualifizierung findet in einer sehr vielfältigen und ausdifferenzierten Form statt. Da der Mensch nicht nur ein erziehungsbedürftiges, sondern auch ein der Erziehung zugängliches Wesen ist, hat heutzutage die Zeit nach der Schule als Phase der Berufsqualifizierung eine zentrale Funktion im Leben eines Menschen erhalten. Dies um so mehr, da die Welt, in die junge Menschen heute eingeführt werden müssen und in der sie später auch bestehen sollen, zu einer sehr komplexen, vielfältigen, dynamischen, bunten und einer – im Vergleich zu vergangenen Zeiten – wesentlich komplizierteren sowie variantenreicheren Welt geworden ist.

Diese tertiäre und quartäre Phase im Bildungs- und Erziehungsgang junger Menschen ist in doppelter Weise in einem engem Kontext zur Schulbildung und Berufswelt zu sehen.

Zum einen ist der Bezug zur Schule als Basis für die Berufsqualifizierung wichtig, da diese dort bereits zum Teil stattfindet.

Zum anderen gilt es, die Perspektive späterer Berufe klar im Blick zu behalten. Ebenso wie die Schulbildung steht die Berufsqualifizierung in der Diskussion, im Kreuzfeuer der Kritik und ist Zielscheibe vieler wohlgemeinter Ratschläge. Doch die Frage nach sinnvollen Konsequenzen, Veränderungen, Anstößen und Initiativen muss, ähnlich wie beim Bereich der Schule, zum großen Teil noch beantwortet werden.

Das sehr differenzierte Teilsystem der Berufsqualifizierung in unserer Gesellschaft – zu umschreiben mit verschiedenen Institutionen im tertiären und quartären Bildungsbereich – bedarf auch sehr differenzierter Antworten bezüglich der Gestaltung dieses Zeitabschnitts, in dem junge Menschen einen wesentlichen und formungsintensiven Teil ihres Lebens verbringen. Die Gesellschaft – oft als Wissensgesellschaft charakterisiert – braucht heute adäquate Antworten, da vor allem die Institutionen der Berufsqualifizierung eine zentrale Verantwortung für die Art und Richtung der Entwicklung einer Gesellschaft haben.

Die **Berufswelt** nimmt etwa bis zu einer Hälfte eines gesamten menschlichen Lebens ein. Erinnert sei in diesem Zusammenhang an die Bedeutung des Wortes Beruf (berufen, Berufung). Dies heißt, der Mensch bekommt für einen wesentlichen Abschnitt seines Lebens den „Ruf" etwas zu tun, zu arbeiten, zu schaffen. Es wäre zu einfach, dies nur unter dem Aspekt der Beschaffung von Geld für den Lebensunterhalt zu sehen. Es kann im Sinne von Lebensqualität nur bedeuten, dass dieser beruflich orientierte Lebensabschnitt so gestaltet wird, dass moralisch-sittlich akzeptierte Prinzipien das Leitbild für den „Beruf" kennzeichnen; dies bedeutet auch, dass für möglichst viele Menschen finanziell gesehen ein lebenswertes Leben ermöglicht werden sollte.

Dazu ist es notwenig, den Zusammenhang von Elternwelt über Schulbildung und Berufsqualifizierung zur Berufswelt zu sehen. Die Dynamik, die die Berufswelt heute kennzeichnet, darf jedoch nicht Orientierungslosigkeit, Zufälligkeit oder Beliebigkeit bedeuten. Berufsethische Überlegungen, Fragen nach dem Sinn des Lebens sowie Überlegungen zum Wesen des Menschen sind hier zu berücksichtigen. Auch im Hinblick auf die Berufswelt gilt, dass gesellschaftliche Entwicklungen der Gegenwart, die nicht rückgängig gemacht werden können und die mit Bezug zur Fortentwicklung der „Spezies Mensch" auch als wertvoll anzuerkennen sind, akzeptiert werden müssen. Berufswelt wird somit als in seinem Eigenwert wieder stärker zu entdeckender Lebensabschnitt gesehen, der sinnvoller Weise auf dem Fundus Elternwelt, Schulbildung und Berufsqualifizierung (in ihrer ganzen Breite) aufbauen kann.

Niedergang und Aufstiegschancen wird als Motto des Buches im Untertitel ausgegeben. Dieses Motto ist entscheidend für den als Implikationszusammenhang zu sehenden Vierschritt: Elternwelt – Schulbildung – Berufsqualifizierung – Berufswelt. Damit soll eine positiv-konstruktive Grundabsicht dieses Buches und der darin vorgenommenen Analyse aufgezeigt werden. Auf hohem Niveau wird oft lange diskutiert ohne wirklich etwas zu verändern; Ideen werden zwar entwickelt, bleiben aber häufig ohne praktische Konsequenzen; die Diskrepanz zwischen Anspruch und Wirklichkeit wird ggf. festgestellt, jedoch werden kaum Brücken zur Überwindung des Theorie-Praxis-Grabens gebaut.

Diese Analyse will Fehler dieser Art vermeiden. Mögliche Wege aus dem „Niedergang" werden mit konkretem Inhalt gefüllt. Es wird sehr großer Wert auf das Aufzeigen von „Aufstiegschancen" gelegt,. Dabei kann man sich zum einen auf Ergebnisse wissenschaftlicher Forschung berufen. Zum anderen gilt es aber auch, das Prinzip der Plausibilität gelten zu lassen, d.h. dass ggf. auch Erfahrungen – gewonnen in einem langen Berufsleben an Schule und Hochschule – gelten. Dies impliziert, dass auch Alltagserfahrungen bzw. Alltagserkenntnisse ihre Berechtigung haben.

Konsequenterweise wird die Schilderung des Status Quo bzw. von Zuständen relativ knapp ausfallen; dies heißt, es erfolgt eine kurze Darlegung von Sachverhalten und Schilderung von Problemen. Vorschläge werden unterbreitet, die – im Vertrauen auf die Evidenz des Empirischen, d. h. den Versuch Wirksamkeit in der Praxis zum Maßstab des Handelns zu machen – dann wenigstens punktuell umgesetzt werden sollten (Kennzeichnung von Lösungsmöglichkeiten). Dabei wird davon ausgegangen, dass es keine 100%-Lösungen gibt, dass nichts nur positiv ist und jede wohlbegründete Lösung auch Nachteile hat. Es werden auch nicht nur Lösungen vorgeschlagen, die Geld kosten, zumal Mangel an Finanzierungsmöglichkeiten heutzutage oft als Alibi für Nichtstun bzw. Inaktivität angegeben wird.

Die in diesem Buch gegebenen Antworten sind zudem zunächst an die Person des Autors gebunden; sie sind normativ und sollten daher – wenn nicht akzeptiert – zumindest als Denkanstoß dienen um Bewegung, Dynamik und Kreativität für die Gestaltung von Bildung und Erziehung in Deutschland einzuläuten. Es handelt sich dabei um „Chancen zum Aufstieg" nach dem „Niedergang", die zum Bestehen von nationalen und globalen Herausforderungen beitragen können.

Globalisierung und Internationalisierung stehen hier für Entwicklungen, die stark in der Diskussion sind. Tatsache ist, dass der Wandel der Welt zu einer globalen Bezugsgröße unaufhaltsam ist. Dieser Wandel birgt viele Chancen, aber auch zahlreiche Gefahren. Insofern ist es wichtig das Vorhandensein dieses Wandels nicht zu verdrängen, sondern sich vielmehr diesen Herausforderungen zu stellen. Man muss also Chancen zum Aufstieg aus dem Niedergang erkennen, sie ergreifen und konstruktive Gestaltungsmöglichkeiten suchen. Dabei sind Gefahren im Blick zu halten; es gilt an deren Minimierung zu arbeiten bzw. wohlüberlegtes und fundiertes Handeln zu zeigen. Diese Herausforderungen sind für Elternwelt – Schulbildung – Berufsqualifizierung – Berufswelt entscheidend, da hier junge Menschen darauf vorbereitet werden können diese Herausforderungen zu bestehen. Diese müssen im Sinne einer Voraussetzungsanalyse wiederum genau erfasst werden um somit einen entsprechenden Rahmen für Bildung und Erziehung in Deutschland zur Verfügung zu haben.

Mit global ist dabei nicht nur die Weltperspektive angesprochen. Auf der Grundlage einer Theorie der sechs „konzentrischen Kreise" ist global in sechs Stufen zu sehen: Gemeinde – Region – Land – Staat – Kontinent – Welt. Die jeweils nächste Stufe hat bereits den Charakter des Globalen für die jeweils vorhergehende Stufe. Globalität recht verstanden bedingt, dass man sich mit jeder Stufe identifizieren sollte, um den nächsten Schritt bis zur Welt-Globalität ehrlich und fundiert gehen zu können.

Zum Abschluss dieser Einführung lässt sich somit zusammenfassend feststellen:

➢ Die Analyse ist weniger rückwärts gewandt; vielmehr wird versucht, die Aufstiegschancen ins Zentrum zu stellen, d.h. Wege aus dem Niedergang für die Zukunft von Bildung und Erziehung in Deutschland aufzuzeigen.

➢ Die Zukunft wird nicht als auswegloses Schicksal gesehen, sondern als Chance diese Welt sowohl national als auch international mit möglichst großer Lebensqualität für möglichst viele Menschen zu gestalten.

➢ Der Implikationszusammenhang Elternwelt – Schulbildung – Berufsqualifizierung – Berufswelt ist als Lebenslaufperspektive im Kontext von Bildung und Erziehung der Grundpfeiler dieses Buches.

0-3 Jahre	Elternwelt (Säugling – Kleinkind)
3-6	Kindergarten – Vorschule ⟩ Primarbereich
6-12	Grundschule
12-16	Sekundarbereich I (Hauptschule, Realschule, Gymnasium, Gesamtschule)
16-18	Sekundarbereich II (Gymnasium – Gesamtschule, Berufsbildende Schule)
18-19	Soziales Jahr (Jungen und Mädchen) (keine Wehrpflicht – Berufsheer)
19-22	Beruf bzw. Berufsqualifizierung (Fachschule/Akademie – Hochschule (staatlich) – Universität (staatlich) – Private Hochschule (z. B. Bachelor)
ab 22	Berufswelt verbunden mit Fort- und Weiterbildung bzw. Studium (Masters 22-23; Promotion 24-27)
60 (ca.)	Ausscheiden aus der Berufswelt (Beginn der dritten Lebensphase); Möglichkeit der Weiterbildung

A ELTERNWELT

Solange Kinder noch klein sind,
gib ihnen tiefe Wurzeln.
Wenn sie älter geworden sind,
gib ihnen Flügel.

(Indisches Sprichwort)

Elternwelt

Grundlegende Aspekte der Elternwelt

Prämissen

Stellenwert

Probleme

Themen im Verantwortungsbereich der Elternwelt

- Kinderwunsch
- Ernährung
- Körper und Bewegung
- Spiel als grundlegende Verhaltensweise
- Sprachkultur

- Sexualerziehung
- Multikulturelle Vielfalt und Internationalität
- Bewahren und Verändern
- Ethik
- Wirtschaft

Ganzheitliche Sichtweise der Elternwelt

Raum für kreative Entwicklung

Zeit für Zuwendung

Personalisation

Sozialisation

Erziehungsphilosophie

Die *Elternwelt* ist ganz bewusst als erster von vier Bereichen dieser Analyse gewählt worden. Dies ist auch deshalb unmittelbar einsichtig, da die *Elternwelt* die erste Zeit des Werdens und Heranwachsens junger Menschen umfasst. Ein weiterer Rechtfertigungsgesichtspunkt für eine Berücksichtigung der *Elternwelt* ist das Ziel dieses Buches. Es soll der heute in Mode gekommenen Segmentierung und Spezialisierung ein ganzheitlich fundiertes Konzept der Betrachtung des menschlichen Lebens entgegengestellt werden.

Dabei kann nicht unerwähnt bleiben, dass jüngste gesellschaftliche und sozioökonomische Entwicklungen dazu geführt haben, dass *Elternwelt* im Wandel und teils im Verfall ist, zumindest gemessen an bisher üblichen Sozialformen der *Elternwelt*. In diesem Kontext sind folgende *Stichworte* zu nennen: Scheidung; alleinerziehende Elternteile; volle Berufstätigkeit beider Elternteile und neue Formen von Lebenspartnerschaften.

Im Rahmen dieser Analyse kann auf jene Aspekte nicht im Einzelnen eingegangen werden. Die Inhalte der folgenden Ausführungen sind statt dessen zum einen auf *Elternwelt* mit zwei Elternteilen und zum anderen auf *Elternwelt* mit einem alleinerziehenden Elternteil bezogen. Es wäre nicht zu verantworten, so zu tun, als ob es das Phänomen „*alleinerziehend*" nicht gäbe. Da die Aussagen in diesem Buch vor allem auch als Hilfen für das Verhalten und Handeln von Müttern und Vätern gedacht sind, ist *Elternwelt* realistischer Weise in verschiedenen Varianten zu sehen.

Bei dem Versuch den Ausführungen zur *Elternwelt* eine Struktur zu unterlegen um die Aussagen dieses Buches pragmatisch im Sinne ihrer Verwendung und Anwendung zu fassen, wird in einem *Dreischritt* vorgegangen:

Um einer sinnvollen Logik zu entsprechen, werden zunächst *grundlegende Aspekte der Elternwelt* erläutert. Dies geschieht gleichsam mit einem „Binnendreischritt" in diesem ersten Teil, nämlich mit den Abschnitten *Prämissen, Stellenwert* und *Probleme*. In diesen Punkten wird versucht, einen theoretischen Bezugsrahmen für das Thema *Elternwelt* zu entwickeln.

Weit davon entfernt, alle Aspekte, Themen und Probleme der *Elternwelt* erfassen zu können, werden in einem zweiten Teil Beispiele für *Themen im Verantwortungsbereich der Elternwelt* (Elternaufgaben) angesprochen. Dies geschieht durchaus in der Absicht Hilfen – zumindest zum Reflektieren und Diskutieren – anzubieten. Bei der Darstellung dieser Themen wird versucht auf elterliche Verantwortung hinzuweisen. Sollte es gelingen, dass Konsequenzen im Umgang mit Kindern gezogen werden, so wäre schon ein wesentliches Ziel dieser Analyse erreicht. Dies erscheint um so wichtiger, als eine konstruktive Bewältigung der Elternaufgaben mit Bezug zu den darzustellenden Themen die Bildungs- und Erziehungsarbeit in den weiteren Entwicklungsabschnitten (v.a. in der Schulbildung und Berufsqualifizierung) von Kindern und Jugendlichen bedeutend erleichtern würde.

Schließlich wird in dieser Analyse der *Elternwelt* eine ganzheitliche Sichtweise zugrunde gelegt. *Ganzheitlich* meint, dass folgende *Leitlinien* für Verhalten und Handeln von Eltern vorgeschlagen werden:

Zeit für Zuwendung finden, Raum für kreative Entwicklung geben, sowohl die Personalisation (d.h. das Werden des Individuums) als auch die Sozialisation (d.h. das Werden des Gesellschaftswesens) ermöglichen und schließlich eine zwischen den Elternteilen abgestimmte Erziehungsphilosophie zugrunde legen.

In einer Welt der ständigen *Ausdifferenzierung* und *Spezialisierung* von Handlungsabläufen ist es unbedingt erforderlich, eine *ganzheitliche Sichtweise* – da wo es angebracht ist – zu fördern und zur Richtschnur von Verhalten und Handeln in der *Elternwelt* zu machen.

1   Grundlegende Aspekte der Elternwelt

Zunächst bedarf es einer eingehenden Begründung, warum *Elternwelt* als Basis-Baustein (Fundament) in der ganzheitlichen Konzeption dieser Analyse gewählt worden ist. Manchmal mag dabei der Eindruck entstehen, als ob hier etwas nur allzu Selbstverständliches thematisiert wird. Vielleicht wird Selbstverständliches, wenn es zur Routine wird, gleichsam verdeckt und dann nicht mehr in seiner grundsätzlichen Bedeutung gesehen. Sie ist somit erst wiederzuentdecken.

1.1   Prämissen

Einige *Prämissen* für die Bedeutung der *Elternwelt* sind zu nennen, damit ihr Stellenwert im Kontext von *Bildung* und *Erziehung* richtig gesehen und eingeschätzt wird:

- *Elternwelt* wird zunächst im Sinne eines grundständigen Lebensmusters so verstanden, dass ein Mann und eine Frau den Grundstock der auch im Grundgesetz geschützten Familie bilden. Daran ändert auch die Akzeptanz anderer partnerschaftlicher Lebensformen nichts.
- *Elternwelt* schließt auch Sonderformen von Beziehungen mit ein, die für die *Entwicklung* vom Säugling-Kind-Jugendlichen zum Erwachsenen verantwortlich sind, wie z. B.: alleinerziehender Elternteil, Adoptiveltern bzw. Adoptivpaare oder beispielsweise SOS-Kinderdorf-Waisenerziehung.
- *Elternwelt* wird nicht nur so verstanden, dass ein Elternteil im Außenbereich (Beruf) und einer im Innenbereich (Familie) tätig ist. Vielmehr ist auch an andere *Formen* gedacht wie z. B.: Frau im Beruf, Mann in der Familie; Teilung beider Aufgaben (Beruf und Familie) zwischen Mann und Frau; Schaffung von Rahmenbedingungen, die Beruf und Familie für beide Elternteile vereinbar machen (Kindermädchen, Ganztageskindergarten etc.).
- Aktuelle Entwicklungen von *virtuellen Welten*, die offenbar auch vor dem ureigensten Bereich von Menschschöpfung, Menschwerdung und Menschentwicklung nicht halt machen, können hier im Einzelnen nicht thematisiert und analysiert werden. *Elternwelt* muss jedoch auf jeden Fall die Existenz dieser virtuellen Welten für die Entwicklung von jungen Menschen berücksichtigen, da damit gleichsam als *„heimliche"* *Erzieher* neben der *Elternwelt* vorhanden sind.

- *Elternwelt* wird in ihrer Bedeutung und Ausgestaltung sicher unterschiedlich gesehen, vor allem je nachdem welcher *religiöse* und *kulturelle Hintergrund* gegeben ist. Im Rahmen dieser Analyse kommt es v.a. darauf an, die invariante Grundbedeutung der *Elternwelt* für die Entwicklung von Menschen aufzuzeigen.

Auf dem Hintergrund solcher Prämissen werden in Teil 1.2 Aussagen getroffen, die den zentralen Stellenwert der *Elternwelt* verdeutlichen. Damit wird auch erklärt, warum *Elternwelt* in der Konzeption diese Buches gleichsam eine Säule in dem Viersäulenmodell – *Elternwelt – Schulbildung – Berufsqualifizierung – Berufswelt* – darstellt, was in der folgenden Abbildung verdeutlicht wird:

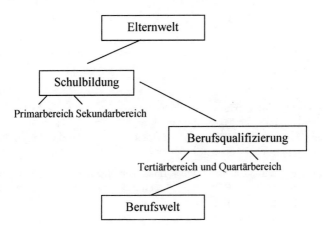

Abbildung 1: Viersäulenmodell als Grundlage für Erziehung und Bildung

1.2   Stellenwert

Folgende Aussagen können unter anderem die zentrale Bedeutung und den Stellenwert der *Elternwelt* für das Heranwachsen junger Menschen begründen:

- Der *Bezug zur Mutter* ist zunächst aus rein biologischen Gründen für das werdende menschliche Leben entscheidend. Es entwickeln sich enge Bezugspunkte, die für das Heranwachsen der jungen Menschen prägend und für die Mutter bestätigend im Sinne der Bedeutung ihrer *Mutterrolle* sind.

- Der *Vater* hat in der *Elternwelt* Schritt für Schritt mit zunehmendem Alter der Kinder eine ebenso wichtige *Sozialisationsfunktion*, v.a. auch im Sinne einer natürlichen Ergänzung der Zuwendung durch die Mutter.

- Es gibt *elementare Kulturbereiche*, die im Kontext der *Elternwelt* aufgebaut werden können und müssen. Dies betrifft vor allem folgende Aspekte: Beziehungskultur, Bewegungskultur, Denkkultur, Esskultur, Körperkultur, Lernkultur, Religionskultur, Spielkultur, Sprachkultur.

- Diese auf einem sehr weiten Kulturbegriff bezogenen *Verhaltensbereiche des Menschen* werden ganz entscheidend im frühkindlichen sowie im kindlichen Alter entwickelt und geprägt; das heißt, die *Elternwelt* ist hierbei von entscheidender Bedeutung.

- Wenn eine vor allem in ihrer Beziehung zur *Großelternwelt* und ggf. *Urgroß-elternwelt* gleichsam gesunde *Elternwelt* existiert, kann diese den weiten Bogen von *Entstehen* und *Vergehen* menschlichen Lebens symbolisieren und somit eine Wertschätzung für das elementare Lebensgesetz von Entstehen und Vergehen verkörpern.

- *Elternwelt* ist zudem eine Verkörperung des Menschen als „zoon politikon", d.h. der Tatsache, dass der Mensch auf Sozialbezüge, auf Kommunikation und auf Miteinander angewiesen ist. *Junge Menschen* bilden einen wesentlichen *sozialen Faktor* in dieser *Elternwelt*; sie werden dort gleichsam in diese grundlegende Gesetzmäßigkeit menschlichen Lebens als „zoon politikon" hineinsozialisiert.

1.3 Probleme

An Hand exemplarischer Schilderungen von *Problemen*, die sich in der *Elternwelt* heute zeigen, kann verdeutlicht werden, wie wichtig es ist, Möglichkeiten zur Gestaltung eben dieser *Elternwelt* aufzuzeigen; die *Elternwelt* kann auf diese Weise ihre Verantwortung, Chancen und Aufgaben gegenüber den eigenen Kindern, d.h. der folgenden Generation sowie gegenüber der Gesamtgesellschaft entsprechend wahrnehmen. Dazu ist es allerdings vor allem notwendig, dass Eltern sich wieder vermehrt für Kinder entscheiden. Andernfalls – so zeigen Statistiken – würden wir in etwa fünf Generationen vom Aussterben bedroht sein.

Die folgende Auflistung von Problemen erhebt keinerlei Anspruch auf Allgemeingültigkeit oder Vollständigkeit. Sie ist unter dem Prinzip des *Exemplarischen* zu sehen. Ausgehend von Problembeispielen müssen wir möglichst rasch und umfassend zu Lösungsmöglichkeiten, zu Wegen aus der Krise (Niedergang) und zu Strategien zum Bestehen globaler Herausforderungen (Aufstiegschancen) aus Sicht der *Elternwelt* gelangen.

- Weltweit gesehen ist die Existenz von Kindern allzu oft überschattet von *Missständen* im Bezug auf das Leben von Kindern. Beispiele sind: Kinderunterernährung, Kinderkrankheiten, Kinderarmut, Kinderwaisen, Kindersoldaten, Kinder als Sexualobjekte, Kinder als Arbeitssklaven.

- *Entscheidungen für Kinder* werden weltweit bisweilen all zu oft wenig verantwortungsbewusst getroffen bzw. die notwendigen Konsequenzen nicht ausreichend bedacht. So werden einerseits viele Kinder bereits mit einer schweren Hypothek geboren; andererseits wäre es besser, wenn in bestimmten Teilen der Welt die Geburtenkontrolle besser akzeptiert werden würde.

- Bei der Auflösung von *Ehen (Scheidung)* wird oft zu wenig an das Wohl der Kinder gedacht. In gewisser Weise sind Kinder in erschreckend hoher Zahl Opfer einer offenbar zunehmend geringer werdenden, überdauernden Bindungsfähigkeit und Bindungswilligkeit von Eltern bzw. Erwachsenen.

- Die Orientierung an *Beruf* und *Arbeit* ist gegebenenfalls schon bei einem Elternteil so extrem stark, dass von diesem Elternteil die an sich notwendigen prägenden Einflüsse kaum ausgehen können; dies reicht bisweilen bis zu einer Extremsituation, bei der trotz Vorhandenseins beider Elternteile von einer gleichsam allein erziehenden Situation auszugehen ist.

- Oft sind beide Elternteile voll berufstätig, ohne die dafür notwendigen Rahmenbedingungen wie z. B. Ganztagsschule, Nachmittagsbetreuung, Großelternhilfe bzw. Hilfe durch Zugehpersonal berücksichtigt zu haben. Überzogenes materielles Gewinnstreben, verbunden mit vordergründiger Konsumorientierung, hat hier häufig Vorrang und macht Kinder zu so genannten „*Schlüsselkindern*".

- Häufig ist auf Seiten der *Elternwelt* mangelnde Bereitschaft und Fähigkeit zu erkennen mit einem Schulsystem zu kooperieren, das zum großen Teil noch auf dem Konzept der Halbtagsschule beruht. Das Ausmaß häuslicher Auseinandersetzungen zum Thema „*Hausaufgaben*" ist daher bisweilen unerträglich groß und trägt häufig zur Disharmonie im Familienleben bei.

- Zu beklagen ist auch die Missachtung des Grundsatzes „*Lernen durch Beispiel*", da Eltern Verhaltensweisen an den Tag legen, wie z. B. Rauchen, Alkoholkonsum oder rüder Umgang miteinander, die eine vernünftige Erziehung der Kinder wiederum äußerst schwierig machen.

- Gelegentlich ist festzustellen, dass Eltern sich wenig bemühen oder auch gar nicht in der Lage sind eine gemeinsame Erziehungsphilosophie zu entwickeln und zu praktizieren; dies stürzt Kinder in tiefgreifende Konflikte, da sie hin- und hergerissen sind zwischen Vater und Mutter sowie deren häufig konträren Erziehungsauffassungen.

- Bisweilen ist auch wenig *Kompetenz* in der *Elternwelt* vorhanden, die das Miteinander und oft auch Gegeneinander mehrerer Kinder richtig auszubalancieren versteht. Bevorzugung bestimmter Kinder, Ausspielen der Kinder gegeneinander und Überforderung von Kindern sind in diesem Zusammenhang oft zu beobachten.

Zugegebenermaßen, sind dies nur *Beispiele für Probleme*, für *Fehlverhalten* und *Versagen* der *Elternwelt*, die geballt, vereinzelt oder auch gar nicht auftreten können. Gegebenenfalls ist vielen Eltern auch nicht klar genug, welche Verantwortung sie bei der Entscheidung für ein oder mehrere Kinder auf sich nehmen. Es fehlt dabei offenbar auch an weitschauender Voraussicht, dass eine *Familie*, d.h. *Elternwelt*, mit einem bzw. mehreren Kindern eine komplizierte und *komplexe Welt* bildet. Diese Welt stellt mit jedem dazu kommenden Familienmitglied immer größere Anforderungen und erfordert damit erhöhtes Verantwortungsbewusstsein. Wem dies nicht klar ist, der sollte eher keine Entscheidung für Kinder treffen, als Kinder in die Welt zu entlassen, bei denen anschließend therapeutische und rehabilitative Maßnahmen von Organisationen und Institutionen ergriffen werden müssen um Fehlverhalten der *Elternwelt* - wenn überhaupt noch möglich - zu korrigieren. Der Schule kommt einerseits in diesem Kontext zudem eine erhöhte Bedeutung zu. Andererseits ist sie in ihrer gegenwärtigen Form mit dieser ihr zugedachten Aufgabe oft überfordert.

Die im folgenden aufzuzeigenden Lösungsmöglichkeiten für Probleme im Verantwortungsbereich der *Elternwelt* bzw. die gegebenen Hinweise zum richtigen Verhalten der *Elternwelt* sind also eher im Sinne der *Prävention* zu verstehen, die therapeutische und rehabilitative Maßnahmen erst gar nicht mehr notwendig werden lässt.

2 Themen im Verantwortungsbereich der Elternwelt

Im folgenden werden *Lösungsmöglichkeiten für Probleme* im Verhalten der *Elternwelt* bzw. *Hinweise* gegeben, wie sichergestellt werden kann, dass die *Elternwelt* ihrer großen Verantwortung für Kinder und Jugendliche gegebenenfalls besser gerecht wird, als dies stellenweise bislang der Fall gewesen sein mag.

2.1 Kinderwunsch (Entscheidung für ein Kind bzw. Kinder)

Die Einlösung der Elternverantwortung muss bereits bei der Entscheidung für *ein Kind oder mehrere Kinder* einsetzen. Dies betrifft sowohl den Zeitpunkt zur Erfüllung des ersten Kinderwunsches als auch die zeitlichen Intervalle für die Geburt weiterer Kinder.

Hier kann der *Elternwelt* zunächst die Einsicht helfen, dass es für jede Phase im Leben eines Menschen optimale Ereignisse und Höhepunkte gibt. Weder *Verfrühung* noch *Verspätung* sind im Regelfall günstig. Dies hat auch mit einer sinnvollen lebensphilosophischen Einstellung zu tun und bedeutet, dass der Mensch vor allem auch in der jeweiligen Gegenwart leben und die dafür adäquaten Schwerpunkte setzen soll. Dies impliziert wiederum, sich weder zu sehr vorauseilend (Verfrühung) noch zurückgewandt (Verspätung) zu verhalten.

Zugegebenermaßen ist bei dieser Zeitfrage bezogen auf die Erfüllung von Kinderwünschen der legitime und heute auch realisierbare Wunsch beider Elternteile (v. a. auch der Frauen) zu berücksichtigen, nach erfolgter Berufsausbildung Erfahrungen in der *Berufswelt* zu sammeln. Entsprechende Gesetze haben hier in der jüngsten Vergangenheit relativ gute Möglichkeiten zur sinnvollen Vereinbarung von Erfüllung eines Kinderwunsches und Einstieg in die Berufstätigkeit eröffnet. Eine weitere ohnehin notwendige und allseits geforderte *Flexibilisierung des Arbeitsmarkts* kann unterstützend für die Vereinbarkeit von Kinderwunsch und Berufstätigkeit wirken.

Die zeitlichen Intervalle für die Erfüllung weiterer Kinderwünsche nach dem ersten Kind sind unter Berücksichtigung mehrerer *Kriterien* zu treffen, wie z. B.: Gesundheit und Belastbarkeit der Mutter; genügend Zeit, sich dem einzelnen Kind - v. a. in der wichtigen Säuglingsphase - zu widmen; Ermöglichung der Kommunikation der Kinder in ihrer Spiel- und Lebenswelt; Wiedereintritt der Mutter bzw. des Vaters in die Berufswelt.

Sollten Kinderwünsche nicht erfüllbar sein, gibt es – v.a. weltweit gesehen –immer die Möglichkeit, eines der zahlreichen Waisenkinder, die auf Adoption warten, zu sich zu nehmen. Die gesetzlichen Voraussetzungen dazu sind sicher noch zu verbessern.

Die Bereitschaft zur *Adoption* ist zudem vor folgendem Hintergrund zu sehen: Im Grunde werden weltweit gesehen genügend Kinder geboren, d. h. das Problem der Übervölkerung dieser Welt ist bereits seit langem existent. Entsprechende Verhütungsmaßnahmen sind für viele Nationen längst überfällig, wenn es gelingen soll, diese Länder aus galoppierend zunehmender Verarmung zu befreien. Es gibt somit auf der einen Seite zu viele Kinder, die in lebensunwerte Zustände und Umstände hineingeboren werden; auf der anderen Seite gibt es zu wenig Kinder in den Ländern, die Kindern ein angemessenes Aufwachsen ermöglichen können.

Die zu beobachtende Tendenz der familienfreundlichen Gestaltung von Gesetzen ist dringend zu erweitern, um die Aufgabe einer homogenen und altersstrukturell verantwortbaren *Weiterentwicklung unserer Gesellschaft* gerecht zu werden. Damit könnte man dem teils weit verbreiteten, im Grunde kinderfeindlichen Konsum- und Lebensstandardegoismus entgegensteuern.

Möglichkeiten der Empfängnisverhütung und legale Wege der Abtreibung in Notfällen sollten sicherstellen, dass ein Kinderwunsch mit ehrlichem Herzen erfüllt wird, was für eine adäquate Erfüllung der Rollen in der *Elternwelt* erste und wichtigste Vorraussetzung ist; somit wird auch eher der Grundstein für *intrinsische Motivation* gelegt, das Beste aus der *Elternwelt* zu machen.

2.2 Ernährung (Essen/Trinken – Genussmittel)

Sieht man die Ernährungslage in weltweiter Perspektive, so stellen sich – grob gesprochen – drei Szenarien dar:

(a) Ein Großteil der Weltbevölkerung weiß trotz aller technisch-industriellen Fortschritte oft nicht, wie er sich ausreichend ernähren soll. Dies heißt, *Hunger* ist ein Dauerzustand und lässt menschliches Leben rasch menschenunwürdig werden. Die Dramatik dieses ersten Szenarios wird durch die rapide zunehmende *Weltbevölkerung* noch verschärft, v.a. in den Teilen der Welt, in denen Hunger den Regelfall darstellt. Es ist kaum verständlich, dass der Mensch in der Zwischenzeit v.a. technologisch gesehen zu bewundernswerten Leistungen fähig ist, aber das Kernproblem „Hunger" offenbar nicht bewältigen kann.

(b) In einer ganzen Reihe von Ländern ist das *Verhältnis* von *Angebot* und *Nachfrage* auf einem meist bescheidenen, aber ausreichenden Niveau *ausgeglichen*. Hier kann man somit von einer im großen und ganzen zufriedenstellenden Ernährungssituation ausgehen.

(c) In einem dritten Szenario, das die *hochindustrialisierten Länder* mit einem hohen Wohlstandspegel betrifft, ist die Lage bedenklich wie bei Szenario 1, allerdings in umgekehrter Richtung. Hier besteht somit die Tendenz, dass sich Menschen auch auf Grund von *Wohlstandseuphorie* eher „zu Tode essen", als dass sie ihrer Gesundheit zu Liebe vernünftig mit dem *Überangebot* an *Nahrungsmitteln* umgehen.

Dieses dritte Szenario betrifft auch die Basis dieser Analyse, da die Verhältnisse in Deutschland sehr stark dem dritten Szenario entsprechen.

- Hier spielt nun vor allem im Kindesalter, in dem die *Elternwelt* im Vergleich zum Jugendalter doch noch erhebliche Einflussmöglichkeiten besitzt, die *Esskultur* im *Elternhaus* eine große Rolle. Einige *Punkte*, die kennzeichnend für eine *positive Esskultur* sind, seien erwähnt: Berücksichtigung gesunder Ernährung; Abwehr der Tendenz zum „Fast Food"; Essen auch als ästhetisch geschmücktes Handeln; Essen als Zelebration und nicht in Hektik; Einpassen der Mahlzeiten in einen vernünftigen Tagesrhythmus.

- Erzieherisch gesehen kann eine gesunde *Esskultur* im Sinne *funktionaler Erziehung* erreicht werden, wenn Kinder in einem entsprechend gestalteten Ernährungsambiente mit positiver Esskultur aufwachsen.

- Der Aspekt des *Trinkens und Rauchens* wird im Folgenden gemeinsam thematisiert und in seiner Bedeutung herausgestellt. Hier geben die erschreckend hohen Zahlen von Alkoholikern und Rauchern auch schon im jugendlichen Alter Anlass zur Sorge. Ein entsprechendes Vorbild der Eltern sowie behutsame *Aufklärung* erscheinen hier wichtig. Ob der politische Wille des Volkes jemals so stark sein wird, durch entsprechende Gesetze hier für klare Verhältnisse, d. h. für Eindämmung des Alkohol- und Zigarettenkonsums zu sorgen, ist zu bezweifeln. Sinnvoll sind z. B. folgende Maßnahmen: Höhere Besteuerung von Alkohol und Rauchwaren im freien Verkauf; Alkohol- und Rauchverbot für Jugendliche unter 18 Jahren in der Öffentlichkeit; hohe Pfandraten bzw. Entsorgung der Zigarettenreste, um auch zur Erhaltung des Ordnungsbildes in der Öffentlichkeit beizutragen; Eindämmung der Werbung für alkoholische Getränke bzw. Zigaretten.

- Auf ähnlicher Linie wie der Alkoholmissbrauch liegt das zur Genüge bekannte *Drogenproblem*. Es ist hier nicht der Ort um dieses Thema erschöpfend zu behandeln. Jedoch sind in dieser Hinsicht Eltern (neben Lehrern) besonders gefordert. *Bewusstseinsbildung* und ggf. schon notwendige *Bewusstseinsveränderung* bei Kindern und Jugendlichen ist hier ein wichtiger Lösungsweg. Dabei kommt es darauf an klar zu machen, dass der Konsum von Drogen letztlich eine Unfairness, eine Versündigung gegen die eigene Natur, den Körper und die Gesundheit darstellt und zwar mit meist nicht reparablen Schäden. Erneut sind aber auch Gesetzgebung und *staatliche Aufsicht* gefordert, v. a. durch noch schärfere Gesetze und deren Durchsetzung gegen den Drogenhandel.

- Drogenmissbrauch muss jedoch auch als Folge der sich immer weiter ausdehnenden *virtuellen Welt* gesehen werden. In diesem Kontext müssen sich auch die Erwachsenen bzw. Eltern fragen, ob Kindern und Jugendlichen genügend „*primäre" Zuwendung* zu Teil wird, so dass ein Abgleiten in „virtuelle Welten" (v.a. in Drogenmissbrauch) erst gar nicht in Frage kommt. Zu erwähnen sind auch die Folgekosten im Gesundheitswesen um die Schäden des Drogenmissbrauchs – wenn überhaupt möglich – zu beheben.

Es wird deutlich, dass der im Rahmen von Alltagshandlungen wichtige Bereich der *Ernährung* – dass heißt, die besondere Beachtung des Trinkens, Rauchens und

Drogenkonsums – ein wesentliches Thema im Rahmen der Erziehungskonzeption von Eltern sein muss, insbesondere deswegen, weil es fälschlicher Weise oft als selbstverständlich und unproblematisch angesehen wird.

2.3 Körper und Bewegung (Hygiene - Gesundheit)

Zunächst gilt es festzuhalten, dass *Körper* und *Bewegung* als aktualisierter Körper wesentliche Aspekte im Verhalten und Handeln des Menschen darstellen. Einstellung, Bewusstsein, Verhalten, Handeln, insbesondere Pflege – auch im Sinne *hygienisch-gesundheitlicher Maßnahmen* – im Bezug auf den Körper und damit auch auf Bewegung sind Dimensionen, die ganz wesentlich von den Verhältnissen in der *Elternwelt* geprägt werden. Ähnliches gilt übrigens genauso für die *kognitive* und *affektive* Dimension menschlichen Verhaltens, die beide zusammen mit der *motorischen* (Körper – Bewegung) den Grundbestand menschlichen Verhaltens und Handelns ausmachen.

Säuglinge und Kinder sind den Eltern zunächst vor allem in ihrer Körperlichkeit anvertraut, die sich gleich nach der Geburt in entsprechender Alltagsmotorik bzw. *Alltagsbewegungen* ausdrückt. Dabei ist zu berücksichtigen, dass es ein Primärmotiv menschlichen Verhaltens und Handelns gibt, das als *Bewegungsdrang* gekennzeichnet werden kann. Diesem ist entsprechender Freiraum und sachgerechte Förderung zu geben, da entwicklungspsychologisch und bewegungswissenschaftlich erwiesen ist, dass gerade im Kindesalter bis zur beginnenden Pubertät ein starker *Zusammenhang* von *motorischer* zu *kognitiver* aber auch zu *affektiver* Entwicklung junger Menschen besteht.

Angesichts der nicht zu leugnenden Tatsache, dass die Räume und Herausforderungen für die Verwirklichung von Bewegungsverhalten immer enger und seltener werden und dass dem Menschen - auch schon im Kindesalter - immer mehr Handlungsalternativen geboten werden, die das Bewegungsverhalten kaum noch herausfordern, ja es fast schon unterdrücken, kommt der *Elternwelt* eine hohe Verantwortung zu, und zwar im Sinne der Bereitstellung eines *körper- und bewegungsfreund-*

lichen Zuhauses. Dass hierbei das eigene Vorbild der Eltern eine große Rolle spielt, steht außer Frage. Dies gilt vor allem auch deshalb, da *Bewusstseinsbildung* im Hinblick auf adäquaten Umgang mit dem eigenen *Körper* und die im Menschen ursprünglich angelegten *Bewegungsmöglichkeiten* sehr stark über eigene Erfahrungen abläuft, sei es durch eigenes Ausprobieren oder durch Wahrnehmung entsprechenden Verhaltens bei den Eltern, das dann zur Nachahmung anregt.

Bei dieser zu fördernden Entwicklung des Körpers und seiner Aktualisierung in Bewegung besteht ein ganz enger Zusammenhang zu dem, was man mit dem Sammelbegriff *Hygiene* kennzeichnet. Hierbei kommen Aspekte ins Spiel, die auf den ersten Blick, selbstverständlich erscheinen.

Dies betrifft z. B. folgende *Punkte*:

- Körperpflege (Waschen, Zähne putzen etc.)
- Einhaltung eines angemessenen Wach- und Schlafrhythmus
- Berücksichtigung einer sinnvollen Bekleidung
- Vernünftige Ernährung (vgl. gesonderter Punkt 2.2)
- Ausgewogener Umgang mit Krankheiten (Prävention – Therapie – Rehabilitation)

Wenn diese Gesichtspunkte mit Hilfe der Eltern in der Familie sinnvoll vorgelebt und erlebt werden, dann liegt darin schon ein grundlegender Garant für Erwerb, Erhalt und Verbesserung der *Gesundheit*. Dabei muss diese – im Sinne des hier ganzheitlich behandelten Themas – als *körperlich*, aber gleichzeitig auch als *geistig, seelisch* und *sozial* angesehen werden.

In diesem Kontext ist es wichtig zu betonen, dass die Bewusstseinsbildung bei Kindern und Jugendlichen in Richtung eines erwünschten Umgangs mit Körper und Bewegung noch gar nichts direkt mit Sport und der ebenfalls sinnvollen Sporterziehung v.a. in Schule und Sportverein zu tun hat. Hier geht es vielmehr grundlegend um die Entwicklung einer optimalen *Körper- und Bewegungskultur* als *Kulturtechnik*, die neben Lesen, Schreiben, Rechnen und IT-Kompetenz (Informationstechnologie) zu den fünf Basiskulturtechniken menschlichen Lebens zu zählen ist.

2.4 Spiel als grundlegende Verhaltensweise (Spiel allgemein – Sportspiel)

Das Spiel ist eine der grundlegenden Verhaltens- und Handlungsweisen, zu denen Menschen fähig sind. Übrigens haben auch Tiere eine gewisse Spielfähigkeit und auch bei Materie sprechen wir vom Spiel, wie z. B. das Spiel der Wellen, das Spiel der Äste im Wind oder das Spiel der Wolken.

Spielen ist eine Verhaltensweise im Sinne von *spielerisch* und eine Handlungsweise im Sinne von *ein Spiel spielen*. Beides – sowohl Verhalten als auch Handeln – ist zunächst umfassend zu sehen und nicht sofort verkürzt auf das Thema Sportspiel.

Spiel muss somit übergreifend betrachtet werden als eine *grundlegende Dimension menschlichen Verhaltens* und *Handelns*, die durch folgende *Merkmale* gekennzeichnet werden kann:

- Spiel als ein Tun des an sich nicht Notwendigen
- Spiel als Möglichkeit vergessene Zeitenthobenheit zu erleben
- Spiel als ambivalentes Geschehen mit einem Hin- und Herwiegen
- Spiel als durch Regeln räumlich und zeitlich bestimmter Raum mit Ambivalenz von Offenheit bis hin zu Grenzen gesetzt durch eine Spielidee
- Spiel als Möglichkeit des Rollentausches, Aufgabe bisheriger und Übernahme neuer Rollen
- Spiel als Chance der Selbstverwirklichung und Selbstfindung
- Spiel als Ereignis mit offenem Ausgang
- Spiel als „Schule" sozialen Lernens und sozialer Erfahrungssammlung
- Spiel als ganzheitliche Erscheinung mit Integration von motorischen, kognitiven und affektiven Elementen
- Spiel als kreativer Raum zum Schaffen von Kultur

Lässt man diese Merkmale Revue passieren, so ist schnell zu erkennen, dass das Spiel zahlreiche erzieherische Möglichkeiten in sich birgt. Nicht umsonst wird von *Spielerziehung* und *Spielpädagogik* gesprochen. Dabei kann die Verpädagogisierung des Spiels aber auch zu weit gehen, so dass durch zu viele erzieherische Absichten, die sich mit dem Spiel verbinden, das Wesen des Spiels gleichsam verschüttet wird.

Betrachtet man die heutigen Lebens- und Gesellschaftsverhältnisse, so kann man leicht feststellen, dass Merkmale wie Verplanung, Fremdbestimmung, Termindruck, Orts- und Raumprobleme, Außendruck, Oberflächlichkeit, Getriebensein, Informationsüberflutung, Ruhelosigkeit, Anspannung und Stress das Leben der Menschen zunehmend bestimmen. Hier kann *Spielen* als *Verhaltens- und Handlungsweise* neben anderen Maßnahmen korrigierend wirken und dazu beitragen Fehlentwicklungen zu vermeiden. Eine oft verwendete Definition von „Spiel als das Tun des an sich nicht Notwendigen" kann andeuten, worin die Kraft des Spiels liegen kann um Menschen wenigstens zeitweise vor einer zunehmenden Außensteuerung zu verschonen.

Die *Elternwelt* muss allerdings ihrerseits sehr differenziert mit dem Phänomen Spiel umgehen. Das Spiel hat eine große Band- und *Variationsbreite*, die es im Rahmen der Erziehung von Kindern und Jugendlichen zu berücksichtigen gilt. Beispiele hierfür sind:

- Das originäre *Kinderspiel*, bei dem Kinder sich im Sinne kreativen Handelns ihre Spielwelt selbst aufbauen und damit oft eine Scheinwelt schaffen.
- „*New Games*", d. h. Bewegungsspiele, bei denen das Spiel von den Teilnehmern in kreativen Handlungen entworfen und geregelt wird.
- Spiel ist vor allem als *Sportspiel* mit den Varianten „Kleine Spiele" (z. B. Völkerball) und „Große Spiele" (z. B. Handball) zu sehen.
- Spiel ist als Vorgang sozial-affektiven und kognitiven *Lernens* (Lernspiele als spielerischer Zugang zum Lernen) zu begreifen.

Insgesamt gesehen tut die *Elternwelt* somit gut daran, sich mit dem vielfältigen *Phänomen des Spiels* auseinander zu setzen und es sinnvoll im Rahmen ihres Erziehungshandelns zu berücksichtigen.

2.5 Sprachkultur (Sprechkultur – Schreibkultur)

Sprache ist eines der wesentlichen Merkmale, das den Menschen vom Tier unterscheidet. Weltweit haben sich in vielfältigen Ausprägungsformen Sprachen entwickelt, die die Summe der *Sprachkultur* ausmachen.

Abgeleitet aus dem Areal *semantischer Theorien* können Wege bzw. semantische Modelle unterschieden werden, die es Menschen ermöglichen sich zu verständigen, untereinander zu kommunizieren und Bedeutungen zu vermitteln. Dies sind zum einen zwei digitale semantische Modelle: Die *Zahl* und das *Wort,* sowie zum anderen zwei analoge semantische Modelle: *Körper-Bewegung als nonverbale Kommunikation* und die durch die technologische Entwicklung vielfältigen Möglichkeiten der *Bildvermittlung.*

Sprache ist somit im Rahmen der Semantik, d. h. der Lehre von Bedeutungen und ihrer Übermittlung, eines von vier Vermittlungsmodellen und zwar das am häufigsten gebrauchte. Deshalb ist es im Hinblick auf die Sprache unbedingt notwendig eine *Sprachkultur* zu entwickeln, die wiederum sehr stark an die *Elternwelt* gebunden ist. Sprachkultur ist dabei in *zwei Ausprägungen* zu sehen:

Zum einen geht es bei der Sprachkultur um die *mündliche Ausdrucksform (Sprechkultur).* Diese muss in kontinuierlicher Weise entwickelt werden und zwar vom Kleinkindalter bis zum Entlassen in das Erwachsenenalter. Dabei geht es um den Erwerb einer möglichst großen Bandbreite von Worten, um die Verwendung richtiger grammatikalischer Regeln und um eine variantenreiche Ausbildung der Stimme. Hier ist die Tatsache zu berücksichtigen, dass zu einer Sprechkultur auch die Entwicklung der Fähigkeit zum Zuhören gehört, um jeweils entsprechend antworten zu können. Zudem ist die Sprechkultur entscheidend für die berufliche Leistung. Wissen und Kenntnisse sind eine Seite der Medaille; die Art und Weise diese zu vermitteln, stellen die andere Seite dar. Nach Forschungsergebnissen kommt es bei einer erfolgreichen Vermittlung von Inhalten zu ca. 80 % auf die Darstellung an, nur ca. 20 % entfällt auf den eigentlichen Inhalt.

Zum anderen geht es bei der Sprachkultur um die *schriftliche Ausdrucksweise (Schreibkultur).* Auch diese wird in den verschiedensten Zusammenhängen benötigt; bei entsprechenden Berufen hat sie sogar eine ganz zentrale Bedeutung. Man könnte zunächst annehmen, dass die Informationstechnologien (v. a. Computer) die Schreibkultur nur noch in Form der Bedienung von Tastaturen erforderlich machen. Doch so wichtig Kompetenz im Bereich der *Informationstechnologie* auch ist, die elementare „*Kunst*" *des Handschriftlichen* sollte unbedingt erhalten bleiben und gepflegt werden. Die Reduzierung auf ein Ankreuzen von „multiple choice"-Fragen oder das Bedienen von Tastaturen stellt auf jeden Fall eine unverantwortliche Entwicklung dar, und zwar im Sinne einer Beschneidung von ursprünglich den Menschen auszeichnenden Fähigkeiten.

Für das sofortige und richtige Handeln der *Elternwelt* ist die Beobachtung wichtig, dass die *Sprachkompetenz* in Wort und Schrift (Sprech- und Schreibkultur) bei jungen Menschen bisweilen schon gefährlich gestört ist. Deutlich wird dies auch an einer *Tendenz* zur Vulgarisierung von Sprache in Abkürzungen (Akronymen) zu sprechen und zu einer in unangemessener Lautstärke erfolgenden Tonberieselung. Sprache ist zwar auf der einen Seite sicher ein sich dynamisch entwickelndes Gebilde. Auf der anderen Seite gibt es Grundkonstanten, die die Sprachkultur ausmachen und kennzeichnen.

Für die *Elternwelt* ergeben sich angesichts der Bedeutung von Sprachkultur und ihrer bisweilen zu beobachtenden Verfallstendenz eine ganze Reihe von *Aufgaben*:

- Pflege einer möglichst differenzierten Sprachkultur in Wort und Schrift im *Elternhaus*
- Ruhiger, gezielter sowie bilateraler *sprachlicher Umgang* mit jeweils einem Kind mit der Lernabsicht zuzuhören und präzise zu antworten
- Ermöglichung zur Teilnahme an geeigneten Sonderkursen neben der Schule, wie z. B. Kurse für Sprachkompetenz, Diskussionstraining, Rednerschulung oder stilistische Übungen
- Anregung zum verstärkten *primären Zugang* zur Sprache (Lesen/Sprechen) und Limitierung des *sekundären Zugangs* (Fernsehen, Walkman)

- Frühe Eröffnung der Möglichkeit zum Erlernen einer *Fremdsprache* (vorzugsweise Englisch oder Spanisch), zur Erweiterung der Sprachkompetenz
- Ermöglichung eines konstruktiven Umgangs mit *Dialekten*, als Pflege der die Sprachkultur

Elternwelt hat im Bezug zur adäquaten Entwicklung der Sprachkultur die Aufgabe den Erziehungsblick wieder stärker auf die *Grundlagen* in *Wort* und *Schrift* zu lenken. Sie bilden die Basiskompetenzen junger Menschen. Erst auf ihrer Grundlage kann die Vielfalt der Sekundärkompetenzen entwickelt werden, die im Hinblick auf die jeweilige berufliche Ausrichtung von Bedeutung sind.

2.6   Sexualerziehung (Beziehung und Geschlecht)

Themen der Sexualität sind besonders von falsch verstandener *Tabuisierung* betroffen, was häufig eine Verdrängung in den Untergrund und damit negative Tendenzen im Umgang mit Sexualität zur Folge hat. Dies kann am Beispiel der amerikanischen Gesellschaft beobachtet werden, in der Puritanismus und Pervertierungstendenzen bezogen auf Sexualfragen oft nahe beieinander liegen.

Auch unsere Gesellschaft erhält auf der einen Seite immer noch falsche Tabus mit Bezug zur Sexualität aufrecht, lässt aber auf der anderen Seite eine zunehmende Zurschaustellung und Vermarktung zu. *Elternwelt* hat somit die ganz natürliche Aufgabe *Sexualität*, gesteuert durch das Primärmotiv Sexualverhalten, in der Entwicklung von Kindern und Jugendlichen adäquat zu thematisieren und Hilfen zu ihrem entwicklungs-psychologisch sinnvollen Erleben anzubieten.

Hierbei hat offenbar die in der Schule stattfindende *Sexualaufklärung* (Sexualkundeunterricht) nicht die erwünschten Erfolge gebracht. Die Macht der „*heimlichen*" *Erzieher* Massenmedien ist in Richtung Sexualisierung so stark, dass die vorhandenen Kontrollorgane mit Druck der *Elternwelt* stärker regulierend eingreifen müssten. Sexualität ist ein typischer Bereich, bei dem trotz Religionsvielfalt und Multikulturalität wenigstens ein *Minimalkonsens* zwischen *Elternwelt*, *Schule* und *Öffentlichkeit* (v. a. Massenmedien) vorhanden sein sollte. Ist dies nicht der Fall, werden Kinder und Jugendliche gerade in dieser schwierig zu bewältigenden Verhaltensdimension in zusätzliche Entscheidungskonflikte gestürzt.

Bei der Bewusstseinsbildung im Hinblick auf *„Beziehung und Geschlecht"* (Sexualität) ist das Kriterium der *„Verfrühung"* unbedingt anzusprechen (vgl. 3.5 Erziehungsphilosophie). Auf der Basis, dass sowohl „Verfrühung" als auch „Verspätung" im Entwicklungsverlauf möglichst zu vermeiden sind, ist die Tendenz der „Verfrühung" im Sexualverhalten von Jugendlichen kritisch zu prüfen. Dies hat nichts mit der immer wieder unterstellten Auffassung „früher war alles besser" oder „wir waren früher auch abwartender" zu tun. Man muss zumindest fragen, ob die „Verfrühung" im Sexualverhalten auf Grund der altersbedingten Persönlichkeitsentwicklung von den Jugendlichen zu verkraften ist und ob Jugendliche sich im bedenkenlosen und verfrühten Erschließen verschiedenster sexueller Erfahrungen einen guten Dienst erweisen; so können in weiteren Lebensabschnitten bisweilen kaum noch neue Erlebnisse bzw. Innovationen im Sexualleben erfahren werden. Es kann sich somit im Erwachsenenleben sogar Langeweile und Leere im Bezug zum Sexualleben einstellen, was u. U. eine Mitursache für die hohe Scheidungsrate in Deutschland darstellen kann.

Angesichts dieser Ausgangslage sollte die *Elternwelt* mit besonderem Engagement bestimmte *Leitlinien* in ihrer Erziehungsarbeit gerade im Hinblick auf Sexualität berücksichtigen:

- Keinen *Fragen* im Hinblick auf das Thema „Beziehung und Geschlecht", auch wenn sie noch so unbequem oder schwierig zu beantworten sind, aus dem Weg gehen
- Auf eine gesunde Erziehung zur Wahrnehmung des Körpers (*Körperlichkeit*) achten (vgl. Thema 2.3 Körper und Bewegung)
- Sexualität mit Kindern und Jugendlichen *getrennt* besprechen (Vater-Sohn, Mutter-Tochter sowie Vater-Tochter, Mutter-Sohn)
- Informationen einholen, was in der *Schule* an *Sexualaufklärung* erfolgt, zu welchem Zeitpunkt es geschieht sowie lesen der Schülermaterialien zu diesem Thema

- Konkrete Fälle aus den *Massenmedien* als Ansatzpunkte für die sexuelle Aufklärung wählen

- Verstärkung entsprechender Hinweise um Kinder und Jugendliche vor sexuellem *Missbrauch* zu schützen

- Ggf. *Fortbildungsveranstaltungen* für Eltern zu Sexualfragen besuchen

Bei diesem Thema wäre auf Seiten der *Elternwelt* ein Wegschauen, ein Nichtbehandeln, ein Tabuisieren besonders negativ. Kinder und Jugendliche sollten in dem hochsensiblen Bereich der Sexualität die Eltern als erste *Gesprächspartner* haben, um darauf aufbauend dann auch in der *Schule* das *Sexualkundeangebot* gewinnbringend zu nutzen. Wichtig ist in diesem Kontext die Erfahrungstatsache, dass Jugendliche bei diesen Fragen den engen Kontakt zu Geschwistern und Gleichaltrigen suchen. Auf diese Weise können die „heimlichen" Erzieher (v. a. in der Medienwelt) in der Wahrnehmung der Kinder und Jugendlichen an die Peripherie gedrängt werden.

2.7 Multikulturelle Vielfalt und Internationalität (Globalisierung)

Multikulturelle Vielfalt und *Internationalität* unserer Welt sind nicht nur Schlagworte, sondern eindeutige Realität. In diesen Bereichen hat sich im 20. Jahrhundert Grundlegendes verändert. Kinder und Jugendliche sind heutzutage bereits in diese multikulturelle Vielfalt und Internationalität mit all ihren Vorteilen aber auch Problemen hineingeboren worden. Die heutigen Generationen der Erwachsenen haben beim Verstehen und Akzeptieren dieser neuen Entwicklungen bisweilen sicherlich ihre Schwierigkeiten. Vor allem die *Heranwachsenden* müssen jedoch multikulturelle Vielfalt und Internationalität in ihrem Bewusstsein bewältigen und verarbeiten; es sollte sich dabei ein entsprechender eigener Standpunkt entwickeln, der es ihnen erlaubt, in dieser veränderten Welt adäquat zu leben.

Zu berücksichtigen ist dabei die bereits bestehende Gefahr, dass mangelnde Einführung in die multikulturelle Vielfalt und Internationalität dazu führt, dass sich rechtsradikale und nationalistische Tendenzen zeigen, um multikulturelle Vielfalt zu beschmutzen; zudem besteht die Tendenz, dass sich die Internationalität vorwiegend in wirtschaftlich gesteuerten Globalisierungstendenzen verwirklicht. Bedenkliche Konsequenzen sind auf der einen Seite *Fremdenfeindlichkeit* und Fremdenhass sowie auf der anderen Seite weltweite *Konzentrationsprozesse*, Machtgewinn der Großkonzerne und weitere Öffnung der schon vorhandenen Schere zwischen reichen und armen Ländern.

Angesichts dieser Gefahren ist es überhaupt nicht mehr die Frage, ob multikulturelle Vielfalt und Internationalität Teil der Erziehungskonzeption sein sollten, sondern vielmehr wie diese *Erziehungsaufgabe* zu leisten ist. Ein Problem ist dabei die schon angesprochene und teilweise vorhandene Distanz der Elterngeneration zu den neuen Entwicklungen. Folgende Überlegungen im Rahmen dieser schwierigen Problemlage können vielleicht hilfreich sein um die dringend notwendige Erziehungsaufgabe zu bewältigen:

- Beherzigen einer Theorie der sechs konzentrischen Bereiche: (1) Gemeinde, (2) Region, (3) Land, (4) Nation, (5) Kontinent und (6) Welt (vgl. Einführung). Wichtig ist es, dass Menschen in jedem dieser Bereiche jeweils ganzheitlich (physisch, kognitiv und affektiv) verankert sind. Dabei ist es entscheidend, dass die Bereiche der Reihe nach internalisiert werden; dies heißt im Kontext von multikultureller Vielfalt und Internationalität, dass die Bereiche 1-4 „gelebt" sein muss, um sich dann den Bereichen 5 und 6 der internationalen Dimension zuzuwenden.

- Für den Aspekt der multikulturellen Vielfalt ist es unumgänglich, dass diese auf jeden Fall zu erhalten ist; Gleichmacherei wäre Rückschritt; *Gleichwertigkeit* in der *Andersartigkeit* muss das Motto sein. Multikulturelle Vielfalt, wie wir sie auch in Deutschland im Alltag und v. a. in den Schulen erleben, kann nur funktionieren, wenn jedem der oben erwähnten acht konzentrischen Bereiche ein Eigenleben und ein Eigenwert zugestanden wird. Zentrale Voraussetzung ist Erziehung zur Toleranz in sprachlicher, kultureller, religiöser und wirtschaftlicher Sicht.

- Die hier anstehende Erziehungsaufgabe kann zwar theoretisch angegangen werden. Sie muss jedoch auch durch unmittelbare *Erfahrungen* der multikulturellen Vielfalt und Internationalität ergänzt werden. Schüleraustausch, Partnerschaften, Stipendien, Reisen etc. bieten dazu heute vielfältige Möglichkeiten.

- Wichtig ist es auch zu verstehen, dass das Ergebnis von *Auslandsaufenthalten* in diesem Erziehungsbereich ein Dreifaches sein kann: (a) Man lernt viel über andere Länder, das Leben dort, die Kultur und kann damit die beglückende Vielfalt persönlicher Erfahrungen und Kontakte auf dieser Welt erfassen. (b) Man lernt sich selbst, sein eigenes Land im Vergleich mit Alternativen besser kennen. (c) Man kann immer auch von anderen Ländern für die Gestaltung des Lebens im eigenen Land lernen.

- Internationalität bedeutet, dass auf der Grundlage multikultureller Vielfalt bestimmte Bereiche für die *ganze Welt Gültigkeit* haben sollten, wie z. B. Menschenrechte, Verständigungscodes (einschließlich dem Englischen als Verkehrssprache), Maßsysteme, Zeit- und Raumparameter, Hygiene-Verhältnisse etc.

Wie schon angedeutet sind *multikulturelle Vielfalt* und *Internationalität* für die nächsten Generationen zur Basisvoraussetzung ihres Lebens geworden. Dazu ist eine Bewusstseinsbildung auf entsprechender *ethisch-moralischer Basis* notwendig; es darf nicht zugelassen werden, dass einseitige Dominanz von wirtschaftlichen Überlegungen das Feld allein beherrscht und damit eher zu einem „*Krieg der Kulturen*" als zur multikulturellen Vielfalt und Internationalität führt.

2.8   Bewahren und Verändern (Tradition – Reform)

Im Zuge der *postmodernen Philosophie*, die vor allem dadurch gekennzeichnet war, dass jedwede Fixierung, überdauernde Konzeption oder bewahrende Einstellung als nicht mehr denkbar galt, ist ein theoretischer Bezugsrahmen geschaffen worden, der Veränderung und Unbestimmtheit gleichsam hoffähig gemacht hat. Dazu kommt die rasante *technologische Entwicklung*, die die Menschen im so genannten Informations- und Computerzeitalter von einer Neuerung in die nächste wirft. Bildlich gesprochen: Hat man nach einem 100 m-Lauf kaum Atem geholt, wird man schon an den Start zum nächsten 100 m-Lauf gebeten. Häufig kann man deshalb heute den Slogan hören: „Nicht wer gut ist, sondern wer am schnellsten ist, gewinnt". Unsere eindeutig als „*money driven*" zu kennzeichnende, gesell-

schaftliche Realität tut ein Übriges, um geschäftige Hektik, schnelle Gewinnmaximierung und raschen materiellen Erfolg zunehmend zur Richtschnur menschlichen
Handelns werden zu lassen.

Um Missverständnisse zu vermeiden wird in dieser Analyse keinerlei Feindbild
mit Bezug zur *Veränderung* aufgebaut. Ganz im Gegenteil, ein wesentlicher Eck-
pfeiler der in diesem Buch vertretenen Auffassungen besteht darin, dass mehr Flexibilität, mehr Mut zur Veränderung, größere Bereitschaft zum Erproben von neu-
en Konzepten und weniger beharrender Dogmatismus gefordert wird.

Bewahren und *Verändern* muss unter der Leitlinie gesehen werden, dass bewahrt
werden soll, was bewahrenswert ist, und dass zu verändern ist, was sich in seiner
bisherigen Ausgestaltung als reformbedürftig erwiesen hat. Das Verhältnis von
Bewahren und Verändern muss so gestaltet sein, dass beides nicht um seiner selbst
Willen betrieben wird. Im *dialektischen* Sinne kann Bewahren als *These*, Verändern als *Antithese* angesehen werden. Durch ein flexibles Wechselspiel von Bewahren und Verändern lässt sich eine *Synthese* zur optimalen Lebensgestaltung
herstellen.

Für das *Bewahren* wird sehr häufig auch der Begriff *Tradition* verwendet. Allerdings hat dieser Begriff in jüngster Zeit eine eher negative und abwertende Bedeutung im Sinne von Festhalten am Vertrauten aber nicht mehr Zeitgemäßen erhalten, was der ursprünglichen Bedeutung von „Tradieren" als Weitergeben (von
Sinnvollem) an folgende Generationen eigentlich nicht gerecht wird. Bewahren ist
jedoch gerade in einer Zeit des sich überschlagenden gesellschaftlichen Wandels
zu einem wichtigen Kriterium geworden. Man muss sich dabei auch auf die Wurzeln unserer abendländischen Kultur besinnen und auf all das, was Menschen in
Europa und in unterschiedlichen Formen auch auf anderen Kontinenten geschaffen
haben.

Dieses Erbe bezieht sich, um mit dem bekannten Schweizer Pädagogen Pestalozzi
zu sprechen, auf „Kopf, Herz und Hand". Zu denken ist dabei an unsere geistige

Tradition (Kopf), an bestimmte Grundeinstellungen v. a. ethischer Art (Herz) und an all das, was kunstfertige Hände geschaffen haben (Hand).

Bewahren muss auch im Hinblick auf „teilweise" gesehen werden, d. h. ein „alles oder nichts"-Gesetz ist bei einer sinnvollen Gestaltung des Verhältnisses von Bewahren und Verändern sicher nicht angebracht.

Verändern mit Augenmaß ist ein ebenso wichtiges Kriterium. Abzulehnen ist jedoch unreflektiertes, zerstörerisches, um seiner selbst willen betriebenes Verändern bzw. Beseitigen von bisher Gültigem ohne Alternativen entwickelt zu haben. Es ist auch Vorsicht geboten, dass der Drang zur Veränderung nicht eine selbst zerstörerische Eigendynamik erhält, die dann unaufhaltsam wie eine Lawine zu Tal rauscht.

Für die *Elternwelt* ist die *Bewusstseinsbildung* bei Kindern und Jugendlichen im Hinblick auf ein richtiges Verhältnis von *Bewahren* und *Verändern* sicher nicht ganz einfach, da diese Erziehungsdimension zunächst sehr theoretisch erscheint. Doch an einem Beispiel kann verdeutlicht werden, dass diese Dimension im Erziehungsalltag ständig wirksam werden kann und sollte. Beispiel „*Esskultur*":

- *Bewahren* v. a. auch hygienischer und ästhetischer Grundvoraussetzungen sowie Einhalten gepflegter Tischsitten (z. B. adäquate Handhabung der Bestecke, aufmerksames Weiterreichen von Gefäßen mit Nahrung, Verbleib am Tisch während der Mahlzeit).
- *Verändern* v. a. auch der zeitlichen und räumlichen Gestaltung von Mahlzeiten im Tagesablauf.

Wichtig ist es auf jeden Fall, dass Kindern und Jugendlichen klar wird, dass sie ein *Wertesystem* entwickeln müssen, an Hand dessen Sie die auf sie zukommende Aufgabe der Gestaltung des Verhältnisses von Bewahren und Verändern in ihrem Leben sinnvoll und adäquat bewältigen können.

2.9 Ethik (Religion – Moral)

Unter *Ethik* versteht man die Summe grundlegender Prinzipien, die *Normen* und *Ziele* des menschlichen Verhaltens und Handelns begründen. Da der Mensch als grundsätzlich frei gilt sowie auf aktives Handeln angelegt ist und nicht nur auf instinktives Reagieren, braucht er eine Orientierung durch Normen und Ziele. Es geht also um die grundsätzliche Frage: An welchen Normen und Zielen sollen Menschen ihr Handeln im Rahmen mehrerer Bereiche – von der Weltebene bis zur eigenen Person – orientieren:

(a) *Weltethik*: Was sind Normen, die weltweit akzeptiert sind? Z. B. die Grundüberzeugung „Du sollst nicht töten" oder die pragmatische Übereinkunft im Verkehr die rot-gelb-grüne Ampelschaltung zu akzeptieren.

(b) *Kontinentethik*: Welche Ziele gibt sich Europa? Z. B. gemeinsames Geld, koordinierte Verbrechensbekämpfung; Freizügigkeit im Hinblick auf Anerkennung von Berufsabschlüssen.

(c) *Staatsethik*: Welche Normen kennzeichnen das Grundgesetz? Z. B. Deutschland als freiheitlicher und sozialer Rechtsstaat.

(d) *Arbeitsethik*: Welche Normen gelten für einen bestimmten Arbeitsplatz? Z. B. Pünktlichkeit; Rauchverbot; Verschwiegenheitspflicht.

(e) *Familienethik*: Welche Normen sind für die Gestaltung des Familienlebens bindend? Z. B. Gemeinsame Mahlzeiten; gegenseitige Hilfeleistung; Feiern von Familienfesten.

(f) *Individualethik*: Welche Normen und Ziele sind für die einzelne Person gegenüber sich selbst gültig? Z. B. Eintreten für ganzheitlich verstandene Gesundheit; Durchlaufen einer Ausbildung zur späteren eigenen Existenzsicherung; Eintritt in eine Religionsgemeinschaft.

Die Auflistung dieser verschiedenen Aspekte der *Ethik* zeigt deutlich, wie komplex und mehrdimensional dieses Thema der ethisch-moralischen Orientierung für das Verhalten und Handeln von Menschen ist.

So stellt sich dieses Thema im Verantwortungsbereich der *Elternwelt* im Bezug auf die Vermittlung an Kinder und Jugendliche als sehr schwierig dar. Doch gerade diese Schwierigkeit auf der einen Seite und die unbedingte Notwendigkeit, dass Menschen sich an Normen und Zielen orientieren, bietet auf der anderen Seite eine große *Herausforderung* für die *Elternwelt*.

Die folgenden *Hinweise* können – wenn auch nur bruchstückhaft – beim Bewältigen dieser Herausforderungen durch die *Elternwelt* Hilfen bieten:

- Dem Entwicklungsverlauf (Alter) angemessene *Lebensorientierung* geben, bei der sowohl Verfrühung als auch Verspätung vermieden wird.

- Die Kraft des eigenen *Vorbilds* der Eltern nutzen, da das Imitationslernen einen der effektivsten Lernzugänge darstellt.

- Die Kraft des Wortes, des Gesprächs anwenden um in Ruhe und mit Zeit Überzeugungsarbeit zu leisten und Orientierungshilfen anzubieten, auch um eventuell bereits fehlgeleitetes Bewusstsein zu verändern.

- Die verschiedenen angesprochenen *Ebenen* von Individualethik bis Weltethik differenziert und themenadäquat ansprechen.

- Die so genannten *„heimlichen"* Erzieher im Blick haben, so dass diese nicht ehrliche und sorgfältige Bemühungen der *Elternwelt* behindern oder gar zerstören.

- Aufmerksam beobachten, welche *Peer Group* im konkreten Fall Einfluss ausübt, da gerade die Orientierungsfindung bei Kindern und Jugendlichen auch hierdurch sehr stark geprägt wird.

- Hilfe durch Einbindung in eine *Religionsgemeinschaft*, wobei der heute unbedingt notwendige ökumenische und tolerante Ansatz innerhalb dieser Religionsgemeinschaft auch über deren Grenzen hinaus entscheidend ist.

- *Abstimmung* mit der Ethik-Auffassung der Schule, so dass den Kindern und Jugendlichen unnötige Gewissenskonflikte erspart bleiben.

- Individuelle und persönlich akzeptierte Bewusstseinsbildung bei Kindern und Jugendlichen fördern um stabile *Wertorientierungen* im Sinne eines Minimalkonsenses unter Menschen zu erreichen (vgl. Regelwerk – Fair Play im Sport).

Ethik als Thema im Verantwortungsbereich der *Elternwelt* ist also auf der einen Seite ein schwieriger Bereich; auf der anderen Seite aber ein ebenso notwendiges Unterfangen um Kindern und Jugendlichen zu helfen ihren Lebensweg sowohl im Sinne einer *Verantwortungsethik* als auch einer *Glücksethik* zu finden.

2.10 Wirtschaft als Bezugsgröße (Soziale Marktwirtschaft)

Schlagworte wie „die Macht des Geldes", „Wirtschaft als moderne Ideologie" oder „die Kasse muss stimmen" werden in jüngster Zeit häufig im Munde geführt. Spätestens nach dem Zusammenbruch des Blocks kommunistischer Staaten und dem Bankrott planwirtschaftlicher Systeme wird die Welt zunehmend von Wirtschaftssystemen regiert, die zum Teil einen *freiheitlichen Grundcharakter* haben, dabei jedoch unterschiedliche Freiheitsgrade zulassen. Das Denken in *Kategorien* wie Rentabilität, Gewinn-Profit, wirtschaftliches Wachstum, Weltmärkte, Wirtschaftsblöcke, Börse-Aktien beherrscht zunehmend das Leben der Menschen. So ist es folgerichtig, dass heute eine der wichtigsten Funktionen von Bildung und Erziehung eine sachadäquate Einführung in die *Welt der Wirtschaft* darstellt. Kinder und Jugendliche sind schon früh in die Lage zu versetzen, Zusammenhänge in ihren Grundzügen zu durchschauen (verlockende Werbung – Entstehung von Wünschen – Konsum) und dabei *ethisch-moralischen Gesichtspunkten* einen hohen Stellenwert beizumessen. Ziel muss dabei sein, dass Kinder und Jugendliche sich darin v. a. auch als spätere Erwachsene zurecht finden können und zwar unter Wahrung ethisch verantwortbarer Gesichtspunkte.

Es kann hier nicht verschwiegen werden, dass Inhumanität, Korruption, Betrug, und Gewalt leider Begleiterscheinungen des weltweiten wirtschaftlichen Liberalisierungsprozesses sind. So kann es nicht ausbleiben, dass sich in jüngster Zeit auch zahlreiche *Negativ-Tendenzen* in diesem angeblichen „El Dorado", genannt Wirtschaft/Finanzen/Geld, gezeigt haben.

Die im folgenden angeführten *Gesichtspunkte* mögen der *Elternwelt* helfen, die unbedingt notwendige Berücksichtigung der Dimension Wirtschaft in ihrem erzieherischen Verhalten und Handeln sicher zu stellen:

- Ein wichtiger Aspekt ist die *Einstellung der Elternwelt* zur Wirtschaft als Teilsystem unserer Gesellschaft. Dies ist eine entscheidende funktionale Erziehungsebene, auf der der richtige Umgang mit Finanzen, Kapital, Aktien, Konsum etc. erlernt werden kann.

- Zunächst ist die schrittweise Einführung in den Umgang mit Geld ein wichtiger Baustein im Hinblick auf *„Wirtschaft als Bezugsgröße"*. Eine Balance zwischen einer angemessenen Bereitstellung von Geld durch die *Elternwelt* (Taschengeld) und selbst erarbeiteten Geldbeträgen ist wichtig, so dass eine äußerst negativ zu bewertende so genannte *„Nulltarifmentalität"* bei Kindern und Jugendlichen erst gar nicht entstehen kann. Von Bezahlung für Handreichungen und kleinere Arbeiten in Familie und Freundeskreis ist jedoch abzusehen, wenn dies als (gegenseitiges) Helfen oder Unterstützen zu definieren ist.

- Modernes Wirtschaftsgebaren mit *Werbung*, gestützt auf Marketing und Sponsoring, hat in taktischer Absicht Kinder und Jugendliche als wichtige und lohnende Zielgruppe erkannt. Hier brauchen Kinder und Jugendliche dringend die Hilfe der *Elternwelt*, damit die Wirtschaft weder in weltfremder und realitätsferner Form negiert wird, noch dass junge Menschen ihr hilflos und ohne Kritikfähigkeit ausgeliefert sind.

- Eng verknüpft mit dem Thema Wirtschaft ist das Konzept der Leistung. Zu ihr gilt es ein gesundes Verhältnis zu entwickeln, d. h. dass es selbstverständlich legitim ist durch eigene Fähigkeiten erbrachte Leistungen auch zu honorieren. Eigene Arbeit darf und muss sich lohnen. Die Grenze zur Pervertierung liegt eindeutig da, wo in rechtswidriger Weise versucht wird sich auf Kosten anderer oder des Gemeinwohls (Staat) wirtschaftlich zu bereichern (z. B. Steuerhinterziehung, Abschluss unseriöser Verträge). Diese Zusammenhänge sind jungen Menschen zu verdeutlichen, so dass sie möglichst nie Opfer solcher Machenschaften werden.

- Die Dynamik und Wirkkraft einer grenzenlos *liberalen Wirtschaft* führt gegebenenfalls dazu, dass wenige bereits reiche Länder immer reicher werden und der Rest, v. a. der bevölkerungsmäßig weitaus größte Teil der Welt, in immer größerer Armut versinkt. Hier ist Einsicht dafür zu entwickeln, dass eigene (nationale) positive Handelsbilanzen nicht dazu führen dürfen, dass die zahlreichen Probleme, die sich auf die Welt als Ganzes beziehen, übersehen werden.

Die *Elternwelt* muss im Bezug auf „*Wirtschaft als Bezugsgröße*" (Soziale Marktwirtschaft) im Erziehungsprozess junger Menschen einen Weg finden, bei dem sowohl notwendige *Akzeptanz* der Macht, genannt „*Wirtschaft*", als auch klarer *Blick für Gefahren* und Pervertierungen in diesem Teilsystem der Gesellschaft erreicht werden.

3 Ganzheitliche Sichtweise der Elternwelt

Sowohl die gesamte in diesem Buch vorgelegte Analyse als auch die jeweiligen vier Kapitel stehen unter der Leitidee „Ganzheitlichkeit". So wird diese ganzheitliche Sichtweise der *Elternwelt* im Folgenden in fünf Punkten angesprochen, die sich auf kreative Entwicklung, Zeit für Zuwendung, Personalisation, Sozialisation und Erziehungsphilosophie beziehen.

3.1 Raum für kreative Entwicklung (Selbstfindung - Selbstbewusstsein - Selbstvertrauen)

Raum und Zeit sind Parameter, an Hand derer sich das Leben von Menschen gestaltet. Entscheidend ist dabei, dass diese Parameter situationsadäquat und im richtigen Verhältnis zueinander berücksichtigt werden.

Der *Raum* hat durch die Entwicklung zur Globalisierung und Internationalisierung eine nie da gewesene Ausweitung erfahren und definiert damit den so genannten *Makrobereich*. Der *Mezobereich* kann bei Freunden und Mitgliedern der Peer Group im unmittelbaren Umfeld von Kindern und Jugendlichen angesiedelt werden. Der als *Mikrobereich* zu bezeichnende Raum, der die Familie bzw. die *Elternwelt* umschließt, ist im Rahmen dieses Kapitels von besonderer Bedeutung.

Der *Raum* als *Erziehungsraum* ist somit unter vielfältigen *Perspektiven* zu sehen:

- Da ist zunächst der *Raum als Zimmer*, als Eigenwelt von Kindern und Jugendlichen. Wenn möglich, sollte ein „Raum für sich selbst" jedem jungen Menschen sicher gestellt werden. Dies ist gleichsam ein Experimentierfeld zur Entwicklung des eigenen Ich, der eigenen Person, und sollte deshalb unter dem Primat der Selbstgestaltung und Eigenverantwortlichkeit junger Menschen gesehen werden.

- Raum ist dann der von Eltern sowie Kindern und Jugendlichen gemeinschaftliche genutzte Raum (Wohnzimmer, Küche, Bad etc.). Dieser ist von allen zu verantworten und junge Menschen sind daran zu gewöhnen sich an Regeln und Vereinbarungen zu halten. Kindern und Jugendlichen kann hier in altersgerechtem Umfang durchaus eine Mitverantwortung beim Aufräumen und Säubern gegeben werden.

- Raum ist aber auch das *„Reich" der Eltern* (Schlafzimmer, ggf. Arbeitszimmer, etc.), in dem junge Menschen durch Erfahrung lernen können, wie man mit seinem Raum umgehen kann. Von daher ist diese Dimension des Raums gleichsam ein Ort funktionaler Erziehung durch die Eltern. Dies heißt, dass Eltern die Gestaltung ihrer Räume auch bewusst als Hilfe zur Umsetzung bestimmter Erziehungsziele einsetzen können.

- Raum ist dann auch die *unmittelbare Umgebung*, die an den gemeinsamen Wohnraum (Wohnung, Haus) anschließt. Hier ist bedeutsam, dass diese Räume so gestaltet werden, wie es ggf. die Vereinbarungen der im Umfeld wohnenden Menschen vorsehen. Junge Menschen können hier lernen, dass Regeln und Abmachungen zur Kenntnis genommen und auch eingehalten werden müssen. Ferner können sie sich unmittelbar in die Gestaltung dieser Raumdimension einbringen.

- Während die bisherigen vier Dimensionen durch räumliche Nähe zur *Elternwelt* gekennzeichnet sind, ist der Raum der *Schule* zwar vom Elternhaus entfernt, aber dennoch von der *Elternwelt* mit zu verantworten. Diese darf nicht nur Interesse am Raum Schule zeigen, wenn es mit Kindern bzw. Jugendlichen Probleme gibt (sog. „Blaue Briefe"-Mentalität); die *Elternwelt* muss vielmehr konstruktive Mitarbeit am Lebensraum Schule zeigen, in dem Kinder und Jugendliche immerhin eine wesentliche Prägung für ihr Leben erfahren. Vorgelebte Identifikation der *Elternwelt* mit der Schule hilft auch den Kindern und Jugendlichen sich auf ihre Schule einzulassen. Diese Prozesse sind für das Gelingen von Lehr-Lernprozessen in der Schule äußerst wichtig.

- Die auf die Schule folgenden Räume in der *Berufsqualifizierung* (z. B. Fachschulen/Akademien, Hochschulen (staatlich), Universitäten (staatlich), Private Hochschulen) treten zwar in größere Distanz zur *Elternwelt*, sollten jedoch von dieser dennoch mit wachem Interesse beobachtet werden. Es geht nach wie vor um die Vorbereitung ihrer Kinder auf eine wichtige Phase in deren Leben, nämlich auf die Berufswelt; Anteilnahme sowie partnerschaftliche Beratung können durchaus erwünscht sein.

So stellt sich der Parameter *„Raum"* bei entsprechend differenzierter Betrachtungsweise als wichtige Bestimmungsgröße für erfolgreiche Erziehungsprozesse dar. Die *Gestaltung* dieser *Räume* liegt zum großen Teil in der Macht der *Elternwelt*. Die Tatsache, dass Raum in seiner erzieherischen Bedeutung oft gar nicht gesehen wird, sollte gerade deswegen dazu führen, dass die *Elternwelt* sich in dieser erzieherischen Bestimmungsgröße gestaltend und damit erziehend zu Wort meldet. Nur so kann sich bei Kindern und Jugendlichen der wichtige Dreischritt realisieren lassen: Verwirklichung der *Selbstfindung*, Aufbau von *Selbstbewusstsein* und Festigung von *Selbstvertrauen*.

3.2   Zeit für Zuwendung (gestern - heute - morgen)

Es bedarf im Kontext dieser Analyse keiner weiteren Erläuterung, dass das gesellschaftliche Leben heute zum großen Teil durch *Schnelligkeit*, *Hetze*, *Unruhe* und *Hektik* gekennzeichnet ist. Dies scheint sich mit der zunehmenden Entlassung vormals öffentlich-rechtlich kontrollierter Bereiche in die „Welt der Privatwirtschaft" noch zu verstärken. Es besteht offenbar auch ein unmittelbarer Zusammenhang zur *Welt der Wirtschaft*, die nach Beendigung des Kalten Krieges zur modernen Ideologie geworden ist: immer mehr Aspekte unseres Lebens werden vorwiegend unter ökonomischen Gesichtspunkten gesehen, d. h. wirtschaftliche Interessen überlagern mehr Lebensbereiche dann je.

Um mit dem Parameter „*Zeit*" richtig umzugehen, muss der Implikationszusammenhang „*gestern – heute – morgen*" berücksichtigt werden. Im Umgang mit der Zeit sind diese drei Dimensionen von grundlegender Bedeutung. Das Schauen nach rückwärts und vorwärts ist in mancher Hinsicht sicher richtig und wichtig. Im Zusammenhang mit dem Thema „*Zeit für Zuwendung*" ist allerdings das „Heute" von zentralem Interesse. Im Kontext mit der oben geschilderten Zeitlage in unserer Gesellschaft gilt es nämlich zu berücksichtigen, dass man vor lauter Hektik die Gegenwart nicht versäumt und sich somit nur noch – oft klagend – in der Vergangenheit oder – „money driven" – vorauseilend schon in der Zukunft wiederfindet.

Zwei konkrete *Beispiele*, die sehr viel mit diesem falschen Umgang mit dem Parameter Zeit zu tun haben, können darauf hinweisen, wie wichtig „*Zeit für Zuwendung*" im erzieherischen Handeln der *Elternwelt* einzuschätzen ist.
(a) Erschreckend hohe Zahlen von *Straßenkindern* in Deutschland, für die Straßenstrich und Drogen in den meisten Fällen zu Einbahnstraßen ins Unglück geworden

sind, lassen sich zum großen Teil darauf zurückführen, dass Eltern kaum Zeit für Kinder und Jugendliche hatten; diese Kinder fühlten sich ungeliebt und unverstanden sowie mit ihren Problemen allein gelassen und verließen deshalb das Elternhaus. Oft fehlt allein die Muße zum Hin- und Zuhören, oft auch wohl die Übung um frühzeitig in einen entsprechenden Dialog zwischen Eltern und Kindern bzw. Jugendlichen einzutreten.

(b) Ein weiteres Problem im Umgang mit der Zeit ist das Handeln gegen den *natürlichen Biorhythmus*, d. h. „die Nacht zum Tage machen", wie man es auch umschreiben kann. Menschen müssen wieder lernen, mehr in sich hineinzuhören, um den richtigen Rhythmus im Wechsel von Belastung und Entspannung zu finden.

Es liegt somit auf der Hand, dass im Kontext erzieherischen Handelns der Faktor Zeit wieder stärkere Berücksichtigung finden sollte.

Folgende *Punkte* können der *Elternwelt* als Anregung dienen den Parameter „Zeit" im Erziehungsprozess richtig einzusetzen:

- Erste Voraussetzung ist es, dass Eltern selbst in der Lage sind dem hektischen Zeittrend entgegen zu wirken. Es ist wichtig, dass sie selbst gelassen und ausgeglichen sind und somit Ruhe in ihre eigene Welt sowie in die von Kindern und Jugendlichen bringen.

- Die Entwicklung oder Wiederentdeckung der *Fähigkeit zum Zuhören*, zur Aufnahme und zur Verarbeitung von Gedanken anderer sowie zur Formulierung adäquater Antworten ist wichtig für Verhalten und Handeln der Eltern.

- Es ist falsch im Hinblick auf *Probleme* von Kindern und Jugendlichen diesen – oft aus Bequemlichkeit oder auch Überlastung – aus dem Weg zu gehen oder deren Bearbeitung hinauszuzögern.

- Damit der Faktor Zeit wieder richtig im Erziehungsprozess eingesetzt wird, ist die mehrfache und gleichzeitige Belastung unserer *Sinne* (z. B. durch Verkehr, informationstechnische Medien oder Äußerungen von Mitmenschen) einzuschränken um somit Zeit für ein ruhiges, bilaterales, tiefgehendes Gespräch zu finden.

- Der richtige Umgang mit Zeit muss auch den originären, d. h. ursprünglichen Handlungsformen von Menschen wieder mehr Raum geben, so dass die *virtuellen Welten* nicht zum alles beherrschenden Einflussfaktor im Leben von Menschen werden.

So wird deutlich, dass „*Zeit haben*" geradezu die Grundvoraussetzung dafür ist, dass *Erziehungsverhalten* und *Erziehungshandeln* der *Elternwelt* richtig wirksam werden können. Vernünftige Budgetierung, d. h. Einteilung von Zeit im Miteinander von Eltern und Kindern bzw. Jugendlichen, macht *Zuwendung* und echte erzieherische Prozesse erst möglich, was für ein erfolgreiches Wirken der *Elternwelt* unumgänglich ist.

3.3   Personalisation (Personwerdung - Individuum)

Will *Elternwelt* im Sinne einer ganzheitlichen Sichtweise ihrer Verantwortung gerecht werden, muss sie Personalisation und Sozialisation (vgl. 3.4) im Zusammenhang sehen. Im folgenden geht es zunächst darum, den Anteil *Personalisation* getrennt und für sich gesehen zu analysieren, wobei in der Realität dieser mit Sozialisation ineinander greift.

Im Kontext des Vorgangs der Personalisation, d. h. der Werdung der Person als Individuum, sind *zwei Begriffe* von Bedeutung:

(a) *Person* als der einzelne Mensch in seiner Individualität, in seinem Eigenwert und in seiner Unverwechselbarkeit.

(b) *Persönlichkeit* als das entfaltete, zum Ausdruck gebrachte Wesen einer Person, das auch als der Kern des Charakters angesehen werden kann. Im Kontext von Persönlichkeit spielen dann Begriffe wie Eigenschaften, Fähigkeiten, Temperament, Bedürfnisse, Orientierungen, Begabungen, Einstellungen und Haltungen eine Rolle. Diese Aspekte basieren grundsätzlich auf dem, was man Anlage nennt; sie sind auf der einen Seite in gewisser Weise stabil; auf der anderen Seite sind sie aber auch als dynamisch anzusehen, d. h. sie können sich in der Auseinandersetzung mit der Umwelt (Sozialisation) verändern. Dies wird auch in dem unmittelbaren Implikationszusammenhang von Personalisation und Sozialisation deutlich. *Anlage- und Umweltorientierung* gibt auch der Erziehung und Bildung bei Kindern und Jugendlichen eine echte Chance wirksam zu werden.

Die Bandbreite der Persönlichkeitsmerkmale ist sehr groß. Entscheidend ist es jedoch, dass die *drei grundlegenden Bereiche menschlichen Verhaltens*, nämlich der *kognitive*, *affektive* und *motorische* Bereich gleichermaßen Entwicklungschancen bekommen. Dies bedeutet, an wenigen *Beispielen* aufgezeigt, für den jeweiligen Bereich Folgendes:

(a) Kognitiv (Denken): Intelligenz, Auffassungsgabe, Aufmerksamkeit, etc.

(b) Affektiv (Fühlen): Freude, Zufriedenheit, Kooperation etc.

(c) Motorisch (Handeln): Kraft, Geschicklichkeit, taktile Wahrnehmung etc.

Worin besteht nun die Bedeutung und Chance der *Elternwelt*, in diesem sehr komplexen und vielschichtigen Prozess der *Personalisation* wirksame Hilfe zu leisten? Die folgenden *Hinweise* sind als Hilfestellung zu verstehen:

- Um Personalisation optimal zu fördern, kann es sehr hilfreich sein Persönlichkeitsmerkmale periodisch zu erfassen und auszuwerten. Auf der Basis des *Persönlichkeitsprofils* können dann sinnvolle Erziehungs- und Bildungsbemühungen einsetzen.

- Eine optimale Personalisation bedeutet, dass Prozesse wie Selbstfindung, Selbsterkenntnis, Selbstgewinnung, Selbstwertbildung und Identitätsstiftung ablaufen. Es geht hierbei somit um die individuelle Personwerdung, um das *„Selbst"*.

- Gerade unter den gegenwärtigen *gesellschaftlichen Rahmenbedingungen*, gekennzeichnet durch starke Außensteuerung, Fremdbestimmung, „heimliche" Erziehungsmächte und Virtualisierung von Lebensbezügen sowie Lebensabläufen, kommt dem autonom zu gestaltenden individuellen Personwerden – vor allem als Gegengewicht – zentrale Bedeutung zu.

- Gelungene Personalisation kann auch dazu beitragen, dass Vielfalt, Kreativität und Genialität menschlichen Lebens gewahrt bleiben. Nur so kann die akute Gefahr der „Dampfwalzenstrategie", d. h. der Gleichmacherei von Menschen, Einhalt geboten werden. Personalisation heißt somit Förderung von *Vielfalt in sozialer Verantwortung*.

Dieser zugegebenermaßen schwierige Prozess der Personalisation (individuellen Personwerdung) kann von der *Elternwelt* besser bewältigt werden, wenn Eltern sich selbst jeweils als Person kennen, an der ständigen Weiterentwicklung ihrer Persönlichkeit arbeiten und so Kindern und Jugendlichen in der Person von Vater und Mutter ein gutes Beispiel geben. Somit kann Personalisation bei Kindern und Jugendlichen um so glaubwürdiger gelingen.

3.4 Sozialisation (Sozialwerdung – Gesellschaftswesen)

Wurde bei der Darstellung der Personalisation betont, dass im Sinne der in dieser Analyse verfolgten ganzheitlichen Sichtweise die Sozialisation als komplementär anzusehen ist, so gilt bei der jetzigen Darstellung der *Sozialisation* dasselbe in umgekehrter Richtung. Dies heißt, dass bei der Sozialwerdung des Menschen als Gesellschaftswesen die Personalisation mitzudenken ist.

Sozialisation ist ein *sozialer Prozess*, bei dem Menschen in einer Gesellschaft als Ganzes oder in ihren Teilbereichen nach normativ bestimmten Vorgaben interagieren und miteinander in Verbindung treten. Dabei lernen Menschen sich – bezogen auf Normen, Werte, Symbole und technische Abläufe – konform zu verhalten und diese zu akzeptieren.

In diesem *Kommunikations- und Interaktionsprozess* muss die einzelne Person jedoch lernen, einerseits das, was in 3.3 als Personalisation dargestellt worden ist, zu berücksichtigen; andererseits muss jeder lernen bestimmte Rollenerwartungen, die vom gesellschaftlichen Umfeld an die Person gestellt werden, auch zu erfüllen. Sozialisation beinhaltet somit ein Wechselspiel vom Leben personaler Individualität und Erfüllen von gesellschaftlich bedingten Rollenerwartungen. Hierbei kommt es bisweilen zu Konflikten zwischen beiden. Mit der Forderung nach Solidarität wird versucht eine Übereinstimmung von Ich-Identität und gesellschaftlichen Verpflichtungen herzustellen.

Es zeigt sich also, dass *Sozialisation* – ähnlich wie Personalisation – ein sehr *komplexer* und *vielschichtiger Prozess* ist, den alle Kinder und Jugendliche durchlaufen müssen. Wie kann die *Elternwelt* dabei Hilfen geben, so dass ein notwendiges

Maß an sozialer Integration gelingt, aber gleichzeitig die jeweilige persönliche Identität gewahrt bleibt? Die folgenden *Überlegungen* mögen dabei helfen:

- Sozialisation ist ein Prozess, der vor allem im Kindes- und Jugendalter aufmerksam und mit Umsicht gestaltet werden muss, da hier wichtige *Weichenstellungen* für das gesamte spätere Leben erfolgen.

- Das Hineinwachsen in einen Familienverband wird als *primäre* Sozialisation oder auch als Vorsozialisation bezeichnet. Bevor der junge Mensch gleichsam in die „weite Welt" entlassen bzw. in diese hineinsozialisiert wird, ist die *Elternwelt* eine entscheidende Bezugsgröße.

- Neben der Familie erfolgt Sozialisation in einer ganzen Reihe von *Institutionen* und *Organisationen* wie z. B. Kindergarten, Schule, Sportverein, Kirche, Musikschule. In allen diesen so genannten Sozialisationsinstanzen wird der junge Mensch eine Rolle spielen, d. h. es werden Rollenerwartungen an ihn herangetragen. Dabei kann es zu Konflikten bei der Abstimmung von Engagement der Kinder bzw. Jugendlichen kommen, bei deren Lösung die *Elternwelt* helfen muss.

- Zu warnen ist vor einer Übersozialisation, d. h. der Akzeptanz oder gar Erwartung einer totalen Anpassung an das, was z.B. gerade *gesellschaftlicher Trend* ist. Mode, Musikszene, der Bereich der Genussmittel und Konsumverhalten sind in diesem Kontext „Märkte", denen man zur Wahrung der eigenen Individualität auch Paroli bieten muss. Es muss bei diesen Trends also teilweise entschieden gegengesteuert werden.

- Es wird heute sehr viel von *Solidargemeinschaft*, sozialem Netz und sozialer Fürsorge gesprochen. Dies ist alles wichtig. Es darf jedoch nicht missbraucht und ausgenutzt werden. Die persönliche Individualität mit einem gesunden Verhältnis zum Erbringen selbst bestimmter Leistungen muss gewahrt bleiben, damit nicht ein vergesellschaftetes Chaos entsteht.

Diese Hinweise machen nochmals deutlich, dass weder *Personalisation* allein noch *Sozialisation* allein der richtige Weg sind. Vielmehr muss der schwierige *Balanceakt zwischen beiden Aspekten* versucht werden. Nur so haben Kinder und Jugendliche die Chance auf eine *harmonische* und *ganzheitliche Entwicklung*. Da dies ein sehr schwieriger Weg ist, brauchen junge Menschen unbedingt die ausgewogene Hilfe der *Elternwelt*.

3.5 Erziehungsphilosophie (Abstimmung der Eltern)

Es gibt die anthropologisch gesicherte Tatsache, dass der Mensch - das Kind, der Jugendliche - *erziehungsbedürftig* und *erziehbar* ist.

Erziehung ist jedoch kein einfaches Unterfangen. Dabei ist es von ganz entscheidender Bedeutung, dass Konzeption und Strategie der Erziehung zwischen beiden Elternteilen abgestimmt sind. An die *Abstimmung* haben sich ggf. auch andere Partner in der Betreuung der Kinder und Jugendlichen wie Großeltern, Verwandte oder Kinderbetreuer zu halten.

Folgende Aspekte sind dabei zu berücksichtigen:

- Im *Kindergarten-* und *Schulkindalter* ist in optimaler Weise auch von einer gewissen Abstimmung zwischen Eltern und Kindergarten bzw. Schule auszugehen um für Kinder unerträgliche Diskrepanzen in der Verhaltenserwartung möglichst auszuschließen.

- Erziehungsbedürfnisse sind klar zu erkennen, so dass diese erfüllt werden können. Das Verhalten und Handeln von Kindern und Jugendlichen ist nämlich zunächst von *Primärmotiven* wie Hunger, Durst, Bewegung, Spiel, Geborgenheit/Zuwendung/Liebe, Anerkennung, Sexualität gekennzeichnet. Ziel der Erziehungsbemühungen muss es dabei sein, schrittweise zu einer sinnvollen Eigenverantwortlichkeit bei der *Befriedigung* dieser Bedürfnisse anzuleiten.

- Ferner sind im Sinne der Erziehbarkeit von Kindern und Jugendlichen Dimensionen zu erkennen, die es zum richtigen Zeitpunkt und in der richtigen Dosierung zu fördern gilt. Sowohl *Verfrühung* als auch *Verspätung* sind hier zu vermeiden, d. h. entwicklungsadäquate Reize sollen gesetzt werden. *Unter-* bzw. *Überforderung* wirken sich nachteilig für Kinder und Jugendliche aus. Daher gilt es, das richtige Anforderungsniveau zwischen den beiden als negativ zu kennzeichnenden Extremen der Unter- bzw. Überforderung zu finden.

Wenn hier für *Abstimmung* und *Konfliktlösung* zwischen den Elternteilen in Erziehungsfragen plädiert wird, bevor sie die Kinder erzieherisch beeinflussen, so heißt dies nicht, dass Erziehungsarbeit als konfliktfrei angesehen wird. Es geht vor allem darum Kindern die in diesem Alter noch nicht nachvollziehbaren Entscheidungen zwischen unterschiedlichen erzieherischen Handlungen zu ersparen, da sie damit hoffnungslos überfordert wären. Damit sind Erwartungen und Regeln der Eltern überschaubar und ein Gegeneinander-Ausspielen der Elternteile wird vermieden. Gleichzeitig wird hier ein Aspekt thematisiert, der im Rahmen der jüngsten gesellschaftlichen Entwicklung grundsätzlich problematisch erscheint. An vielen Stellen ist zu beobachten, wie Menschen *ohne entsprechende Werteorientierung* relativ zufällig, ohne Konzept, sprunghaft und unreflektiert handeln. Das viel strapazierte Wort vom *Wertewandel* müsste oft als *Werteverlust* gekennzeichnet werden. Werte können und müssen sich ggf. sogar ändern. Keine Werteorientierung zu haben kann jedoch gefährlich sein, da in schwierigen Situationen keine vorbedachten Reaktionsmuster bereit stehen, es sei denn, man akzeptiert dies als eine Form der Werteorientierung. Die bisher verfolgte Argumentationslinie kann jedoch zeigen, dass Letzteres eher im Sinne einer ironischen Anmerkung zu verstehen ist.

Abstimmung im Sinne gemeinsam verantworteten Handelns bei der Erziehung von Kindern und Jugendlichen kann als ein wesentlicher Schlüssel für eine erfolgreiche Erziehungsarbeit angesehen werden, die durch Entwicklungsgemäßheit, Stringenz, Konsequenz und Ausgewogenheit gekennzeichnet ist. Da die so genannten *„heimlichen"* *Erzieher* heutzutage immer zahlreicher und offenbar auch einflussreicher werden, ist der hier aufgezeigte Weg zur Gewinnung einer zwischen den Eltern abgestimmten Erziehungsphilosophie um so wichtiger für eine erfolgreiche Bildung und Erziehung von Kindern und Jugendlichen.

B SCHULBILDUNG IM PRIMAR- UND SEKUNDAR-BEREICH

Da sie sich nur Lehrer für 600 Mark leisten können,
bleiben die Völker so dumm,
dass sie sich Kriege für 60 Milliarden leisten müssen.

(Christian Morgenstern)

Schulbildung im Primar- und Sekundarbereich

Grundlagen der Schulbildung

Ziele	Inhalte	Methoden

Zentrale Kategorien für eine Schule von Morgen

Dimension „Person / Individuum"	Dimension „Institution / Schule"
- Lernende in der Schule - Lehrende in der Schule	- Dauer und Gliederung der Schulzeit - Konzept der Ganztagsschule - Privatschulmodell - Schulkonzeption der „Bewegten Schule"
Dimension „Gruppe / Schulklasse"	Dimension „Gesellschaft / Zeitsituation"

Abschnitte für Lehr- und Lernprozesse in der Schule

Primarstufe: Kindergarten / Vorschule / Grundschule

Sekundarstufe I: Orientierungsstufe / Sonderschule / Hauptschule / Realschule / Gymnasium

Sekundarstufe II: Berufsbildende Schule / Gymnasium

Auf der Basis und vor dem Hintergrund der Elternwelt stellen die Schule als Institution und damit die Schulzeit einen wesentlichen Bestandteil des menschlichen Lebens dar. Vor allem werden in diesem Lebensabschnitt wichtige Weichen für Richtung und Ausgestaltung von Lebensphasen gestellt, die auf die Schulzeit folgen. Schule ist somit ein entscheidender Meilenstein im Leben junger Menschen. Folgende *Bezugspunkte* sind zu bedenken:

- Die *Eltern* entlassen das Kind – hoffentlich in der Elternwelt gut vorbereitet – in einen weiteren Bildungs- und Erziehungsraum, zu dem sie ein konstruktives Verhältnis aufbauen müssen.

- Kinder und Jugendliche treten in einen neuen Lebensraum, der ihnen Schritt für Schritt auch mehr *Selbstverantwortung* abverlangt.

- Ein ganzer Berufsstand – die *Lehrerschaft* – ist mit der Institution Schule verbunden, zum großen Teil vom Staat bzw. von der Gesellschaft mit einer wichtigen Aufgabe betraut, zum geringen Teil in privater Beauftragung (Privatschulen). Von Qualität, Kompetenz, Engagement und Ausstrahlungskraft dieses Berufsstandes ist die Ausgestaltung des Netzwerkes Schule letztlich vor allem abhängig.

- *Staatliche Schulverwaltung* bildet den Rahmen für die Erziehungsarbeit und ist aufgerufen die jeweilige Bildungs- und Schulpolitik umzusetzen. Dabei ist ein schlanker Staat und das Engagement der in der Schule tätigen Personen allemal besser als eine Überregulierung und bürokratische Überfrachtung.

- *Bildungspolitik* als Segment der Gesamtpolitik bildet den Rahmen für die Schulverwaltung. Sie wird auf der einen Seite immer als Kernstück sinnvoller Weiterentwicklung einer Gesellschaft angesehen. Anspruch und Wirklichkeit klaffen jedoch auf der anderen Seite weit auseinander, was im Rahmen dieser Analyse im Einzelnen noch anzusprechen sein wird.

- *Berufsausbildungsstätten/Hochschulen* (Tertiär-/Quartärbereich) sowie die Berufswelt als Abnehmer der „Produkte" von Schule (Primar- und Sekundarbereich) haben legitimer Weise ein sehr begründetes Interesse an dem, was Schule leistet oder auch nicht.

- Es ist deutlich, dass Schule als Institution einer ganzen Menge von *Personenkreisen* gegenüber im Wort steht und Verantwortung zu übernehmen hat. So begründet sich auch die Tatsache, dass *Schulbildung* ein zentraler Schwerpunkt der vorliegenden Analyse ist.

In drei Abschnitten wird diese Analyse durchgeführt. Dabei haben Aussagen der Lehrplankonzeption des Landes Schleswig-Holstein von 1997 wesentlich Pate gestanden (MBWFK, 1997):

(a) Es werden zunächst *Grundlagen der Schulbildung* angesprochen, die gleichsam als theoretischer Bezugsrahmen für die anschließenden Ausführungen dienen.

(b) Sodann werden *zentrale Kategorien für eine Schule von morgen* beschrieben. Dies sind Themen, die für alle Schultypen und Schulformen von Bedeutung sind.

(c) Schließlich werden anhand einer Bezugnahme auf *Abschnitte für Lehr- und Lernprozesse in der Schule* Hinweise zu bestimmten Schulstufen bzw. Schulformen gegeben, so dass die bisherigen Ausführungen allgemeiner Art stärker konkretisiert werden.

Bei all diesen Analyseschritten wird nur kurz auf die Ausgangslage eingegangen. Ausgehend von Beispielen für konkrete Probleme und Schwierigkeiten wird vielmehr besonderer Wert auf das Aufzeigen von Wegen und Lösungsmöglichkeiten zur Verbesserung der Lage der Schule gelegt um letztlich die zahlreichen Herausforderungen der Gegenwart, insbesondere auch unter dem Blickwinkel der Internationalisierung und Globalisierung, besser bestehen zu können.

Dabei unterscheidet man sinnvoller Weise zwischen Vorschlägen für *kurz-, mittel- und langfristig notwendige Maßnahmen*. Dadurch soll vermieden werden, dass – wie in der Vergangenheit oft geschehen – Probleme zwar lange auf hohem Niveau diskutiert werden, aber eigentlich keine Aktionen erfolgen. Auch kann deutlich gemacht werden, dass die Ausrede – kein Geld in öffentlichen Kassen – nicht stichhaltig ist, da es viele sinnvolle Veränderungen und Reformvorschläge gibt, die wenig oder gar kein Geld kosten, sofern es gelingt, in den Köpfen der betroffenen Menschen, d. h. der Lernenden und Lehrenden sowie der zuständigen Bildungspolitiker etwas in die wünschenswerte Richtung zu verändern.

So ist diese Analyse als eindeutig pragmatisch anzusehen, da sie einen Beitrag zur Realisierung folgender Handlungskette leisten möchte: *Problem erkennen – Sachlage analysieren – Lösungsmöglichkeit ausprobieren – Erfolgskontrolle durchführen.* Dabei sind drei Ergebnisvarianten möglich: (1) Abbruch, da nicht bewährt; (2) Korrekturen anbringen und fortfahren; (3) eingeschlagenen Weg fortsetzen und fortwährend selbstkritisch reflektieren. Dies stellt gleichsam eine pragmatische Bildungs- und Schulpolitik dar, die längst überfällig ist, wie die folgende Analyse im Einzelnen aufzeigen wird.

1   Grundlagen der Schulbildung

Schule basiert in ihrer Ausgestaltung auf dem Dreischritt *Ziel – Inhalt – Methode*. In diesen drei Aspekten konkretisiert sich Erziehungs- bzw. Bildungsphilosophie. Indem die für die Diskussion in Deutschland typische Verwendung der beiden Begriffe Erziehung und Bildung hier aufgenommen wird, verkörpert nach dem hier zugrundegelegten Begriffsverständnis *Erziehung* mehr den *Prozess* und *Bildung* mehr das *Produkt* von Lehr- und Lernprozessen.

Die drei Begriffe *Ziel – Inhalt – Methode* werden in diesem Kontext auf eher allgemeiner Ebene angesprochen, was von den einzelnen Schulfächern jeweils zu konkretisieren ist.

Folgende *Gesichtspunkte* sind für die Darstellung der Grundlagen der *Schulbildung* erkenntnisleitend:

- Das Rad muss auf dieser allgemeinen Ebene nicht immer wieder neu erfunden werden. Dies heißt, es kann und sollte *bewahrt* werden, wo angebracht, und *verändert* werden, wo notwendig.
- Es ist sicher sinnvoll sich wieder stärker auf *Grundlagen* zu konzentrieren, so dass bei den Schülern fundierte *Handlungskompetenzen* entwickelt werden.
- Bei der *Zielbeschreibung* sollte ein *ganzheitliches Menschenbild* im Sinne einer ausgewogenen Berücksichtigung von kognitiven, affektiven und motorischen Erziehungszielen zugrunde gelegt werden.
- Im Rahmen der *Inhaltsdimension* von Lehr- und Lernprozessen finden ständig neue Herausforderungen statt. Hier ist es auf der einen Seite wichtig auf *Neues* zu reagieren (z. B. Entwicklung der Informationstechnologie); auf der anderen Seite dürfen wichtige *Basisinhalte* (z. B. richtiger Umgang mit der eigenen Muttersprache) dadurch nicht ungebührlich in den Hintergrund gedrängt werden.
- Die in der *Schulbildung* angewandten *Methoden* haben – v. a. auch auf Grund der technologischen Entwicklung – ständige Innovationsschübe erfahren. Dies ist sicher ein Faktor der Bereicherung. Deshalb darf jedoch die grundlegende und auch bleibende Bedeutung der *Lehrperson* nicht vernachlässigt werden; „Menschen machen Geschichte" lautet ein bekanntes Sprichwort.

Diese Grundlagen der *Schulbildung* dienen somit als Bezugsrahmen für die Analyse der Schule als zentrale Institution und der Wege, die zum Bestehen globaler Herausforderungen aus Sicht der Schule beschritten werden können.

1.1 Ziele

Die Zielebene dient als unverzichtbarer Bezugsrahmen für *Schulbildung*. Es sind Zielvereinbarungen zu beschließen, zu deren Einhaltung sich alle an der *Schulbildung* beteiligten Personen verpflichten müssen. Bei der Formulierung der Ziele wird zunächst ein eindeutiges Plädoyer für eine *Grundbildung* ausgesprochen (MBWFK, 1997, S. 5).

> „Grundbildung ist in diesem Sinne handlungsorientiert, lebensweltgebunden und erkenntnisgeleitet. Ihr Ziel ist es, alle zur Mitwirkung an den gemeinsamen Aufgaben in Schule, Beruf und Gesellschaft zu befähigen. In dieses Konzept eingeschlossen ist ein Verständnis von Grundbildung als vielseitiger Bildung in allen Dimensionen menschlicher Interessen und Möglichkeiten. Danach ist es Ziel von Grundbildung, allen zur Entfaltung ihrer geistigen, seelischen und körperlichen Fähigkeiten, ihrer individuellen Begabungen und Neigungen zu verhelfen."

Im Einzelnen soll Schülern das Konzept der Grundbildung dazu verhelfen (MBWFK, 1997, S. 4).

> „die Vielfalt der natürlichen und gesellschaftlichen Wirklichkeit, in der sie leben, differenziert wahrzunehmen, zu empfinden und zu beurteilen,
>
> das Eigene zu schätzen, das Fremde anzuerkennen und sich mit anderen darüber verständigen zu können,
>
> Wege verantwortbaren Handelns zu finden und dabei mit anderen zusammenzuwirken,
>
> der eigenen Erfahrung zu folgen, kritisch zu urteilen, Informationen sinnvoll zu nutzen,
>
> eigene Ausdrucksmöglichkeiten zu entwickeln und gestaltend umzusetzen,
>
> Verantwortung für sich selbst zu übernehmen und die eigene Persönlichkeit zu entwickeln sowie
>
> Lernen als Teil des Lebens zu begreifen".

Die Zielebene kann, aufbauend auf der Idee der Grundbildung, auch als Auseinandersetzung mit *Kernproblemen* angesehen werden (vgl. MBWFK, 1997, S. 5-6, Kernprobleme 1-5; Kernprobleme 6-8 vom Autor). Dies soll den Schülern Verantwortungs- und Handlungsräume eröffnen, um ihr Leben optimal zu gestalten:

- Kernproblem 1: *Grundwerte*

  Bestimmung und Begründung von Grundwerten menschlichen Zusammenlebens sowie die Untersuchung ihrer Ausgestaltungsmöglichkeiten und Gefährdungen. Solche Grundwerte sind Frieden, Menschenrechte sowie Zusammenleben in der Einen Welt mit unterschiedlichen Kulturen, Religionen, Gesellschaftsformen, Völkern und Nationen.

- Kernproblem 2: *Erhalt der natürlichen Lebensgrundlagen*

  Einsicht in den Wert der natürlichen Lebensgrundlagen und der eigenen Gesundheit, in die Notwendigkeit ihrer Pflege und Erhaltung sowie in die Ursachen ihrer Bedrohung.

- Kernproblem 3: *Strukturwandel*

  Einsicht in Chancen und Risiken, die in der Veränderung der wirtschaftlichen, technischen und sozialen Lebensbedingungen liegen und die Abschätzung ihrer Folgen für die Gestaltung unserer Lebensverhältnisse.

- Kernproblem 4: *Gleichstellung*

  Bestimmung und Begründung des Prinzips der Gleichstellung von Frauen und Männern, Mädchen und Jungen in Familie, Beruf und Gesellschaft sowie die Untersuchung seiner Ausgestaltungsmöglichkeiten und Gefährdungen.

- Kernproblem 5: *Partizipation*

  Bestimmung und Begründung des Rechts aller Menschen zur Gestaltung ihrer politischen, kulturellen und wirtschaftlichen Lebensverhältnisse, zur Mitwirkung und Mitverantwortung in allen Lebensbereichen sowie die Untersuchung der Ausgestaltungsmöglichkeiten und Gefährdungen dieses Rechts.

- Kernproblem 6: *Kognitive Leistungen*

  Der Mensch ist zur Entwicklung vielfältiger kognitiver Fähigkeiten in der Lage. Diese gilt es in fünf Stufen der Komplexität zu entwickeln: wissen, verstehen, analysieren, synthetisieren, evaluieren. Die heutige Wissensgesellschaft verlangt von ihren Mitgliedern einen hohen Grad kognitiver Leistungen.

- Kernproblem 7: *Affektive Leistungen*

  Die Ebene der Einstellungen und Gefühle ist sowohl in einer Individualorientierung (Personalisation) als auch in einer Sozialorientierung (Sozialisation) wichtiger Bestandteil einer ganzheitlich verstandenen Bildung und Erziehung.

- Kernproblem 8: *Motorische Leistungen*

  Der Umgang mit dem eigenen Körper und mit Bewegung – als Aktualisierung dieses Körpers – betrifft eine grundlegende Verhaltens- und Handlungsweise des Menschen, die unverzichtbar ist für eine ganzheitliche Menschwerdung und Entwicklung.

Die Ziele von *Schulbildung* sind an den Kategorien der *Grundbildung* sowie an Beispielen von *Kernproblemen* auf einer allgemeinen Ebene aufgezeigt worden. Diese werden dann in den einzelnen *Schulfächern* aus deren Sicht heraus verwirklicht.

1.2 Inhalte

Der Zusammenhang von Zielen und Inhalten ist sehr eng, d. h. die Formulierung von Inhalten muss konsequent aus den Zielvorgaben heraus erfolgen. Diese *inhaltliche Konkretisierung* leisten – wie angedeutet – im Einzelnen die jeweiligen Schulfächer. Dennoch lassen sich auf einer allgemeinen Ebene Ausführungen zu den Inhalten der *Schulbildung* machen, die vor allem unter dem Stichwort *Reformideen zum Bestehen globaler Herausforderungen* als wesentlich angesehen werden.

Bezogen auf *Grundbildung* und die in diesem Kontext zu behandelnden Inhalte ist es wichtig, dass *Schule offen ist für* (MBWFK, 1997, S. 5):

- Lebenswelten der Schülerinnen und Schüler
- Erprobendes Handeln und authentische (Primär-) Erfahrungen innerhalb der Schule
- Integrierten Unterricht von behinderten und nicht behinderten Schülern, wenn pädagogisch verantwortbar
- Gemeinsamen Unterricht von Schülern verschiedener Kultur- und Sprachräume
- Berücksichtigung des Konzepts „Bewegte Schule"

- Gestaltung von Festen und Feiern sowie von Sonderereignissen
- Berücksichtigung von Lernorten außerhalb der Schule (Exkursionen)

Bezogen auf *Kernprobleme* ergeben sich für die inhaltliche Gestaltung der *Schulbildung* folgende drei *Forderungen* (MBFK, 1997, S. 6):

(a) Das Wissen und Können der einzelnen Schulfächer berücksichtigt eine sachgerechte Bearbeitung der Kernprobleme.

(b) Die Kernprobleme liefern Kriterien für Auswahl und Akzentuierung notwendiger Unterrichtsthemen.

(c) Die Einbeziehung der Kernprobleme erlaubt es über die Fachgrenzen hinaus weisende Themen und Aufgaben aufzugreifen; somit ist die Entwicklung fächerübergreifender Arbeitsformen möglich.

In konsequenter Verfolgung der als Kernprobleme formulierten Zielsetzungen lassen sich auf einer weiteren Ebene Inhalte formulieren, die themenzentriert und teils auch fächerübergreifend erarbeitet werden können. Exemplarisch werden (aufgelistet in alphabetischer Reihenfolge) folgende Inhaltsbereiche genannt:

Tabelle1 :   Beispiele für Inhaltsbereiche der Schulbildung

Berufs- und Arbeitswelt	Medien
Bewegung (Körper)	Musik
Darstellendes Spiel	Partnerschaft und Sexualität
Europa	Religion
Familie	Sprachen
Freizeit	Sucht
Gesundheit	Technik
Gewalt	Umwelt
Informationstechnologien	Verkehr
Interkulturelles Leben	Weltordnung

Die in obiger Tabelle aufgeführten Inhalte zeigen, wie groß die Bandbreite der Inhalte – jeweils auf vergleichbarem Abstraktionsniveau formuliert – sein kann. Im folgenden soll einschränkend und im Hinblick auf die Erfahrungstatsache, dass manchmal „weniger mehr ist", ein Plädoyer für fünf *grundlegende Kulturtechniken* abgegeben werden, die gründlich, solide und umfassend inhaltlich in der *Schulbildung* thematisiert werden müssen, da – sie unabhängig von der Art der späteren Berufswelt junger Menschen – für diese unverzichtbar sind.

- *Lesen*: Fähigkeit der vielfältigen Ausdrucksweise in der Muttersprache
- *Schreiben*: Beherrschung der Muttersprache in schriftlichen Formen
- *Rechnen*: Umgang mit Zahlen
- *IT-Kompetenz*: Beherrschung neuer Informationstechniken
- *Bewegung*: Kompetenz in Motorik/Bewegung für Handlungen in Alltag, Arbeit und Freizeit

Ähnlich wie bei den Zielen liegt es an den einzelnen Schulfächern diese grundlegenden Anregungen zur inhaltlichen Gestaltung der *Schulbildung* aufzugreifen und mit ihren jeweiligen schulfachbezogenen Möglichkeiten in effektive Lehr- und Lernprozesse umzusetzen.

1.3 Methoden

Von Zielen lässt sich über Inhalte eine direkte Verbindungslinie zu *Methoden* herstellen. Diese Verbindung muss stimmig sein, so dass die gesetzten Ziele an Hand der ausgewählten Inhalte auch erreicht werden. Daneben kann man den Methoden in Lehr- und Lernprozessen durchaus auch eine gewisse Eigendynamik zusprechen; dies heißt, dass die Wahl der Methoden umgekehrt auch bestimmten Erziehungszielen zum Durchbruch verhelfen oder ihre Umsetzung behindern kann.

Sowohl die unter den Zielen erläuterte *Grundbildung* als auch die Befassung mit *Kernproblemen* erfordert Sozial- und Arbeitsformen, die es den Schülern ermöglichen (MBWFK, 1997, S. 7)

- den Bezug auf die jeweiligen Fachwissenschaften und ihre Systematik,
- die didaktische und methodische Durchdringung fachlicher Inhalte sowie
- den Beitrag des Faches zur Bildung und Erziehung zu verwirklichen.

Unter methodischen Gesichtspunkten können *drei unterschiedliche Anknüpfungspunkte* für das Arbeiten im Rahmen von Lehr- und Lernprozessen unterschieden werden (MBWFK, 1997, S. 7-8):

(a) *Fachbezogenes Lernen*

Dieses ist vor allem durch folgende Gesichtspunkte gekennzeichnet: Bezug zur jeweiligen Fachwissenschaft und ihrer Systematik; fachdidaktisches und fachmethodisches Arbeiten; Beitrag des Schulfaches zur Bildung und Erziehung.

(b) *Themenorientiertes Lernen*

Der Lehr- und Lernprozess wird, losgelöst von einem Schulfach, auf ein Thema konzentriert, zu dem ggf. mehrere Schulfächer einen Beitrag leisten können. Man spricht auch von der sinnstiftenden und ordnenden Funktion des thematischen Unterrichts. Solche geschlossenen Lernzusammenhänge ergeben sich aus *drei Aspekten*:

- Erfahrungen und Vorstellung von Schülern (*Lebensweltbezug*)
- Aufgaben der Grundbildung (Bezug zur *Grundbildung*)
- Erwerb von Wissen, Können und Erkenntnis (*Fachbezug*)

(c) *Fächerübergreifendes Lernen*

Dadurch wird vor allem das Lernen in Zusammenhängen gefördert, was ein bedeutend anspruchsvollerer Lehr- und Lernweg ist im Vergleich zur bloßen Wissensvermittlung. Mit fächerübergreifendem Lernen gelingt es auch besser, einer Schule auf der Basis ihrer Standards und ihrer Ressourcen ein eigenes Profil zu geben.

Um das methodische Vorgehen im Rahmen der *Schulbildung* praxisnah zu optimieren, werden im Folgenden beispielhaft einige *Vorschläge* für Lehrende unterbreitet:

- Praktizieren eines sozial-integrativen Unterrichtsstils
- Berücksichtigung der Wirkung von Sprache, äußerem Erscheinungsbild und Auftreten der Lehrperson im Unterricht
- Inhaltsadäquater Wechsel von induktivem und deduktivem Vorgehen
- Verwendung der Flexibilisierung der Parameter Zeit, Raum und Gruppengröße zur Steigerung der Lehr-Lernwirkung
- Periodische Leistungsfeststellung mit Eintrag in ein Portfolio (ohne Bezug zu Noten) als ein differenziertes Rückmeldeinstrument über den jeweiligen Leistungsstand
- Verwendung von Einzelunterricht in Verbindung mit Vertragsabschluss (Lehrende – Lernende) über die zu bewältigenden Aufgaben
- Ausgewogene und sachlich begründete Verwendung von Informationstechnologien
- Unterstützung für Schüler durch solche aus höheren Klassen („Paten")
- Ersatz des bisherigen Hausaufgaben(un)wesens zugunsten von Aufgaben, die im Rahmen einer Ganztagsschulkonzeption mit Hilfe der Lehrer in der Schule gelöst werden. Wo angebracht, sollte es in Verbindung mit Einzelunterricht gezielte Sonderaufgaben für einzelne Schüler geben, die außerhalb der Schule zu erledigen sind.

Die Liste der beispielhaften Vorschläge ist sicher ergänzbar; dennoch sollte zum Ausdruck gekommen sein, dass die allgemeinen und übergreifenden Aussagen zur *Methodenorientierung* auch im Sinne konkreter Maßnahmen wirksam werden können und somit dazu beitragen, dass Lehr- und Lernprozesse verbessert werden.

2 Zentrale Kategorien für eine Schule von Morgen

Im folgenden wird ein *vierstufiges Gliederungsmodell* verwendet, um zentrale Kategorien in systematischer Weise zu behandeln, die für die Gestaltung der Schule von Morgen entscheidend sind. Die vier Stufen lauten:

(1) *Person/Individuum* muss – bezogen auf die Lernenden und Lehrenden – als Grundpfeiler erzieherischer Prozesse angesehen werden.

(2) *Gruppe/Schulklasse* als soziale Einheit, in der Lehren und Lernen stattfindet.

(3) *Institution/Schule* als Rahmen, dessen Gestaltung im Hinblick auf Erfolg oder Misserfolg im Schulalltag eine starke normative Kraft hat.

(4) *Gesellschaft/Zeitsituation* als der für Schule, Gruppe und Individuum wichtiger Gesamtrahmen, v. a. auch im Sinne der Entwicklung entsprechender Vorgaben und Leitlinien.

Diese vier Stufen sind zu trennen nach einem jeweils unterschiedlichen Grad der Allgemeinheit und Komplexität im Sinne einer Tendenz von (1) bis (4). Gleichzeitig wird deutlich, wie vielfältig Schule verwoben und betroffen ist. Um die Institution Schule herum liegt gleichsam ein komplexes *Netzwerk von Einflussfaktoren*, die letztlich alle beteiligt sind am Leben der Schule und am Erfolg ihrer Arbeit.

Aus diesem Netzwerk werden im folgenden die *Kategorien* herausgegriffen und isoliert, denen auf Grund der hier vorgelegten Analyse höhere Bedeutung im Sinne von Veränderungs- und Innovationspotential für die Schule von Morgen zukommt.

Veränderung kann dabei zum einen heißen, dass man sich wieder stärker auf lange Bewährtes und Grundsätzliches konzentriert. Zum anderen bedeuten Veränderung und Innovation aber auch mutige Schritte nach vorne, indem man – auch auf Grund internationaler Erfahrungen – nicht beim Diskutieren und Klagen auf hohem Niveau verharrt.

Die hier angesprochenen zentralen Kategorien bzw. Vorschläge betreffen schließlich auch Bereiche, die finanzneutral sind, d. h. sie lassen sich auch nicht mit dem nur allzu häufig strapazierten Finanzvorbehalt verhindern.

Andere Kategorien bzw. Vorschläge kosten sicher Geld; in diesem Kontext müssten sich Anspruch und Wirklichkeit bildungspolitisch stärker zur Deckung bringen lassen. Dies heißt konkret, dass man in Deutschland – nicht zuletzt auch wegen seiner in früheren Zeiten weltweit anerkannten Stärke im Bildungs- und Erziehungswesen – mit dem Setzen *finanzieller Prioritäten* zugunsten der Schule Ernst machen muss. Die Öffentlichkeit sollte sich also nicht länger mit Aussprüchen in Sonntagsreden wie z. B. „Kinder und Jugendliche – unsere Zukunft" oder „Bildung als Rohstoff unserer Nation" begnügen; vielmehr müssen den verbalen Bekenntnissen auch Taten folgen.

2.1 Dimension: Person/Individuum

Eine zentrale Kategorie für eine Schule von Morgen bezieht sich auf alle Personen, die im engeren und weiteren Sinn mit Schule zu tun haben. Die folgende Abbildung stellt das Ergebnis des Versuchs dar, diese *Personengruppen* im Bezug zur *Schulbildung* systematisch zu erfassen:

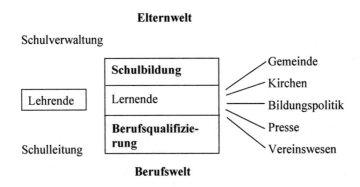

Abbildung 2: Netzwerk von Personengruppen im Kontext von Schulbildung

Lernende und Lehrende stehen im Zentrum dieses Kapitels und werden in den Abschnitten 2.1.1 und 2.1.2 gesondert behandelt.

Lernende kommen aus der Elternwelt, befinden sich in der *Schulbildung* und gehen über die Phase der Berufsqualifizierung in die Berufswelt; hier besteht ein unmittelbarer Implikationszusammenhang.

Lehrende sind in der Schulbildung direkt in Verbindung mit Schulverwaltung und Schulleitung zu sehen. Hier liegen sowohl Chancen für exzellente Rahmenbedingungen als auch Gefahren für Stillstand, je nachdem welche Personen dort agieren. Man weiß nämlich: Die besten Konzepte nützen wenig, wenn die Personen zur Umsetzung fehlen.

Die Dimension *Person/Individuum* tritt als Einflussfaktor noch in vielfältigen Konfigurationen auf. Zu nennen sind hier: Gemeinde, Kirche, Bildungspolitik (Stadt, Kreis (Region), Land, Bund, Kontinent, Welt), Presse und Vereinswesen.

Die personale und individuelle Dimension sollte in ihrer sowohl positiv als auch negativ zu sehenden Einflussmöglichkeit nicht unterschätzt werden. Die Person darf auf keinen Fall gering eingeschätzt werden, auch wenn Erscheinungen wie Automatenwelt, virtuelle Welten und Informationstechnologie oft kurzschlusshaft nahe legen, Personen seien ersetzbar. Weit gefehlt: das Ziel der fundierten und ganzheitlichen *Schulbildung* braucht mehr denn je Pädagogen im ursprünglichen Sinne sowie deren persönlicher Zuwendung und nicht nur die Konfrontation mit virtuellen Welten.

2.1.1 Lernende in der Schule

Lernende sind Menschen, denen in institutionalisierten Lernsituationen der Schule Bildung und Erziehung vermittelt wird. Vor allem vier etablierte Wissenschaften versuchen, die Person des Lernenden jeweils aus ihrem Blickwinkel zu erfassen und zu kennzeichnen.

- *Pädagogik:* Pädagogischer Bezug zwischen Lehrenden und Lernenden
- *Psychologie:* Persönlichkeit, Entwicklung, Lernen und Gruppenverhalten von Lernenden

- *Rechtswissenschaft*: Grundrecht, Bildungsrecht und Schulrecht mit Bezug zum Lernenden
- *Soziologie*: Soziale Position und Rolle der Lernenden

Es kann hier summarisch festgestellt werden, dass – bezogen auf die Lernenden – zahlreiche wissenschaftliche Erkenntnisse vorliegen, die im Rahmen dieser Analyse verständlicherweise nicht im Einzelnen behandelt werden können. Vielmehr werden im Folgenden – ausgehend von Brenn- bzw. Gefahrenpunkten im Verhalten und Handeln von Lernenden – Hinweise vom Autor dieser Analyse gegeben, da vor allem im Rahmen der *Schulbildung* im Sinne von nach vorn und in die Zukunft gerichtetem Vorgehen Handlungsbedarf gegeben ist. Diese Hinweise lassen sich in drei Gruppen zusammenfassen:

(a) *Einhaltung eines entsprechenden Ordnungsrahmens*

- Pünktlichkeit in zeitlicher und inhaltlicher Hinsicht
- Ein gewisser Grad an Ordnung im Hinblick auf Kleidung, Auftreten und Umgangston
- Keine Erlaubnis zur Benutzung von Handies, Walkmen, etc. in der Schule
- Striktes Rauchverbot (auch kein Raucherzimmer)
- Keine Schülerselbstbefreiung vom Unterricht
- Wechsel von bisweilen lauter Aktivität und Zeiten mit Stillarbeit
- Kontrolle über aggressives und gewalttätiges Verhalten

(b) *Qualifizierte inhaltliche Arbeit*

- Geordnete und saubere Führung der *Unterlagen* und Mitschriften
- Statt Hausaufgaben Lösung von *Aufgaben in der Schule* (Ganztagsschule), ggf. mit Hilfe der Lehrenden
- Beschaffung von *eigenen Schulbüchern* (dabei vertrauliche finanzielle Hilfe für finanziell schwache Schüler)
- Ordentlicher Umgang mit der *Muttersprache* in Wort und Schrift
- Erlernen der weltweiten Kommunikationssprache *Englisch*
- Engagement zur Erlernung eines gekonnten Umgangs mit *Zahlen*

- Übernahme von Verantwortung für die eigene *Gesundheit* durch Teilnahme an Programmen der *Bewegten Schule*

- Führung eines *Portfolio* zum periodischen Eintrag von Schulleistungen zur Rückmeldung und Akzeptanz von Selbstauswertung

(c) *Identifikation mit der Schule*

- Engagement in der *Schülermitverwaltung* durch Übernahme von Schülermitverantwortung

- Beteiligung an freiwilligen *Sonderveranstaltungen* der Schule

- Interesse und Teilnahme am *AG-Bereich* je nach persönlichem Wunsch und Talent

- Eintreten für die *Schule* als sauberen, gepflegten und wohnlichen Ort des Zusammenlebens

- *Solidarität* gegenüber anderen Lernenden (v. a. Behinderten, Mitgliedern anderer Glaubensgemeinschaften)

Die Einhaltung eines entsprechenden Ordnungssystems, qualifizierte inhaltliche Arbeit sowie Identifikation mit der Schule sind drei Schlüsselkategorien für eine erfolgreiche *Schulbildung*. Die im Einzelnen bei den drei Kategorien gegebenen Beispiele lassen sich sicher erweitern. Doch wenn es gelingt, nur die hier angeführten 20 Beispiele in konkretes Verhalten und Handeln der Lernenden umzusetzen, kann man bereits von einer Wende in der *Schulbildung* sprechen mit der Perspektive, anstehende – vor allem globale – Herausforderungen besser zu bestehen.

2.1.2 Lehrende in der Schule

Lehrende sind grundsätzlich die Personen, die berufsmäßig Unterricht erteilen. Man spezifiziert Lehrende dann entweder nach dem *Ort*, an dem sie unterrichten (z. B. Gymnasiallehrer, Grundschullehrer) oder nach dem von ihnen vertretenen *Fach* (z. B. Deutschlehrer, Sportlehrer).

Historisch gesehen haben sich verschiedene *idealtypische Vorstellungen*, wie Lehrende sein sollen, herausgebildet:

- Lehrende als Träger von *Tugendkatalogen* (z. B. ordentlich, fleißig), Treuhänder der Eltern, Anwälte des Kindes und Wahrer von Tradition

- Lehrende als Menschen mit *Persönlichkeit*
- Lehrende mehr *logotrop* (an ihrem Fach) oder *paidotrop* (am Lernenden) interessiert
- Lehrende als mehr *autoritär* oder *demokratisch* agierende Menschen
- Lehrende als Personen, die *lehren, erziehen, beurteilen, beraten, innovieren*
- Lehrende als Ausübende *primärer Tätigkeiten* (z. B. vorbereiten, unterrichten, beurteilen, korrigieren) sowie *sekundärer Tätigkeiten* (z. B. Aufsicht, Konferenzen, Wanderungen, Kontakt zu Eltern)
- Lehrende als *systemkritische* oder *systemüberwindende* Personen

Unabhängig von solchen Typologien haben Lehrende grundsätzlich eine wesentliche Funktion in der *Schulbildung*. Deshalb werden im Folgenden Forderungen formuliert, wie dieser Berufsstand besser in die Lage versetzt werden kann seiner Rolle gerecht zu werden. Diese *Forderungen* können in zwei Richtungen zusammengefasst werden:

(a) *Status und Berufsstand der Lehrenden*:

- *Ausbildung* der Lehrenden unabhängig vom Schultyp grundsätzlich *gleich lang* (z. B. 4 Jahre) mit inhaltlicher Schwerpunktsetzung je nach Schultyp und gleicher Bezahlung (z. B. Eingangsstufe A 11 mit verstärkten leistungsabhängigen Höherstufungen)
- *Kein Beamtenstatus* für Lehrende. Die Flexibilisierung des Arbeitsmarkts ist hier notwendig, um Qualitätsmaßstäbe zu sichern und besser auf Fluktuationen von Schülerzahlen reagieren zu können (*Zeitverträge* mit progressiver Verlängerungsoption je nach Ergebnis der Auswertung der Tätigkeit, z. B. 2, 4, 8 Jahre).
- *Verpflichtung* der Lehrenden zur *Fortbildung* (z. B. alle zwei Jahre in jedem Fach eine Woche) mit Prüfung (*Eintrag in das Portfolio*) und zwar nicht während der Schulzeit
- Verbringen der *Arbeitszeit in der Schule* (z. B. 8.00 – 16.00 Uhr), um im Sinne der wünschenswerten *Ganztagsschule* auch erziehende, beratende und helfende Funktionen übernehmen zu können.
- *Bezahlung* nicht nur nach Alter, sondern auch nach Leistung, v. a. nach Umfang von Ausbildung und Fortbildung (Führen eines *Portfolio*)
- Regulierung des *Arbeitsmarktes* durch *Stellenausschreibung* und individuelle Bewerbung, d. h. keine bürokratische Verteilung auf Stellen. Nach der Be-

werberlage erfolgt Einladung von z. B. fünf Lehrenden zur Probestunde. Die Entscheidung erfolgt durch eine Kommission (Direktor, Fachlehrer, Eltern, Schüler, Vertreter des Ministeriums).

- *Mitgliedschaft* der Lehrenden in Berufsorganisationen, d. h. in einem Lehrerverband (übergreifend) und zwei Fachverbänden (z. B. Deutscher Germanistenverband, Deutscher Sportlehrerverband)

(b) *Gestaltung der Berufsarbeit von Lehrenden*:

- Praktizieren eines *sozial-integrativen Führungsstils*
- Betonung des *personalen Bezugs* in Bildung und Erziehung
- Schwerpunkt auf *individueller Förderung* junger Menschen
- Im Rollenverhalten und konkreten Handeln als *Vorbild* dienen um die Chancen des erfolgreichen Lernmodells, des so genannten Imitationslernens, zu nutzen (z. B. nicht rauchen, angemessene Kleidung, adäquates Auftreten, Engagement, Phantasie).
- Erfüllung der Rolle des Lehrenden als *Beratender* (v. a. Aufgabenberatung im Ganztagsschulkonzept)
- Verwendung von *Auswertung* (*Portfolio* der Lernenden), um diese zur Selbstauswertung zu führen, d. h. konstruktiven Umgang mit eigenen (positiven wie negativen) Leistungen lernen und pflegen.

Mit diesen – sicher zum Teil bei den Betroffenen wenig populären – Vorschlägen bzw. Systemänderungen kann die *Qualität der Schulbildung* gewaltig gesteigert werden. Zudem kann die Realisierung dieser Vorschläge mit Sicherheit dazu beitragen, dass *Lehrende* aus dem teils vorhandenen Tal der Lethargie zu neuem Berufsengagement und Zufriedenheit mit ihrer beruflichen Situation finden und dass das Ansehen des Lehrers in der Gesellschaft wächst. So kann die *Schulbildung* in Deutschland ein gewisses Mittelmaß verlassen und sich zu neuen Höhen aufschwingen.

Diese Vorschläge sind nicht als oft gehörte allgemeine Lehrerschelte zu verstehen. Sie sind vielmehr darin begründet, dass anthropologisch gesehen der Mensch etwas leisten will, falsche Systeme ihn jedoch bisweilen daran hindern. Also muss man die Systeme wie vorgeschlagen ändern.

2.2 Dimension: Gruppe/Schulklasse

Ausgehend von der Individualebene der Lernenden und Lehrenden spielt die *Gruppe/Schulklasse* auf einer weiteren Stufe der Verdichtung im Rahmen der *Schulbildung* eine große Rolle. So sehr auf der einen Seite das Individuum und die einzelne Person (*Personalisation*) als Ausgangspunkt zu sehen ist, so ist es auf der anderen Seite unerlässlich, die Gruppe/Schulklasse (*Sozialisation*) zu berücksichtigen.

Im Rahmen der *Gruppendynamik* werden folgende *Merkmale* einer Gruppe als so genannte Gruppeneigenschaften angesehen (Darstellung in alphabetischer Reihenfolge):

- *Emotionalität*, d. h. Verhalten und Handeln in der Gruppe schließt immer Gefühle mit ein. Grundvoraussetzung für Lernen in der Gruppe ist eine ausreichende Kommunikation.
- *Kohäsion* ist ein Gefühl der Zusammengehörigkeit mit Bezug zu Aufgaben, Kenntnissen und Sympathie. Kohäsion entsteht durch Interaktion, die es erlaubt, Normen und Ziele für die Gruppe zu formulieren.
- *Kommunikation* ist die Grundlage für Integration der Gruppe. Barrieren im Bereich der Gefühlswelt, Sprache und Religion verhindern oft eine entsprechende Interaktion.
- *Produktivität* der Gruppe im Sinne von Gruppenleistung hängt ab vom Grad der Kohäsion, Kooperationsfähigkeit und Verbindlichkeit der Gruppennormen.
- *Rollendifferenzierung* basiert auf einer entsprechenden Gruppendynamik. Dabei ist Rotation der Rollen wünschenswert, um vor allem die Gruppenstruktur nicht durch Probleme mit Führungs- und Außenseiterrollen zu zerstören.
- *Wahrnehmung* muss in Form der Selbst- und Fremdwahrnehmung geübt werden um zu lernen Verhalten und Handeln in der Gruppe auszuwerten und dann entsprechend konstruktiv zu gestalten.

Diese *Gruppeneigenschaften* sind für Gruppen der unterschiedlichsten Art relevant, wie z. B. Freundschaftsgruppe, Sportgruppe, Kirchengruppe, aber auch für die Klasse als typische Gruppe in der Zeit der *Schulbildung*.

Mit speziellem Bezug zur *Schulklasse* als *Gruppe* werden im Folgenden *Hinweise* in *zwei Abschnitten* formuliert, die dazu beitragen können, die vor allem in Gruppen/Klassen verlaufende *Schulbildung* besser zu gestalten:

(a) *Organisation in Gruppen/Schulklassen*

- Es gilt zu berücksichtigen, dass Gruppen nach unterschiedlichen Kriterien gebildet werden: Fest oder ad hoc; nach Leistung, Interesse, Geschlecht, Alter. So kann mit der *Gruppenbildung* je nach Zielsetzung flexibel verfahren werden.

- Das Kriterium der *Anzahl* ist wichtig. So wie im Sportunterricht sinnvoller Weise je eine Sportart erlernt werden sollte, die allein, mit Partner oder in einer Mannschaft betrieben wird, heißt Gruppenbildung, dass eine Kleingruppe (Zweier, Dreier), mittelgroße Gruppe sowie Großgruppe gebildet werden sollte, um jeweils unterschiedliches Gruppenverhalten zu schulen.

- Die Verwendung von *Gruppenarbeit* – sowohl in arbeitsteiliger als auch arbeitsgleicher Form – ist unerlässlich, wobei vor allem Raum für das Finden eigener Lösungen und Entscheidungen sowie für Rückmeldung der Gruppenarbeit (Einbringen in die ganze Klasse) zu geben ist. Der Stationsbetrieb (mit Rotation) ist hier eine interessante Variante der Organisation von Gruppenarbeit.

- Das Verlassen des Klassenverbands und das Einbringen in *Arbeitsgemeinschaften* (z. B. Sport, Theater, Musik) ist zu fördern, da im Vergleich zum Klassenverband hier andere Gruppenerfahrungen möglich sind.

- Lehrende als *Gruppenleiter* haben eine v. a. im Hintergrund lenkende Funktion bis hin zu einer Situation, in der sie sich zeitweise gleichsam „überflüssig" machen.

(b) *Anregungen für Lehrende*

- Ausgangslage der Gruppe und der einzelnen Mitglieder genau analysieren (vgl. *Portfolio* der Schüler)

- Gerade in der Gruppe das *Individualisieren* in der Gruppe als Gegengewicht bedenken

- *Normbildung* als Prozess in der Gruppe im Sinne von Einhalten und Ausschöpfen von Normen unterstützen

- *Zusammenarbeit* statt Einzelwettbewerb, d. h. das Wir-Gefühl fördern

- *Variantenreiche Hilfsmittel* einsetzen wie z. B. Protokolle, Fragebögen (Soziogramm), Beobachtungsverfahren, Gesprächstechniken, soziale Rollenspiele und Feedback-Übungen

2.3 Dimension: Institution/Schule

Eine Erweiterung der Dimension *Person/Individuum* über *Gruppe/Klasse* führt zur Dimension *Institution/Schule*. Dies ist eine wesentliche Bedingungsvariable im Sinne sozio-kultureller Voraussetzung für Lehr- und Lernprozesse in der *Schulbildung*. Folgendes kann als *Erfahrungstatsache* gelten: Eine noch so gute Zielsetzung oder ein noch so schlüssiges Konzept für Schulbildung bedarf dringend zweier Voraussetzungen: Fähige und engagierte *Personen* (Verhalten) und passende *institutionelle Rahmenbedingungen* (Verhältnisse).

Der Blick wird im folgenden erneut weniger nach rückwärts gerichtet; vielmehr gilt es - ausgehend von dem unbefriedigenden Status quo - klare Forderungen nach *Veränderungen* der *Schulbildung* zu formulieren. Andernfalls verharrt man in Deutschland in Unmut über die Art der *Schulbildung*, diskutiert noch lange und ausgiebig Grundsätze auf hohem Niveau oder fällt in verantwortungslose Lethargie zurück, gepaart mit dem heute oft verwendeten Alibi „der Staat hat kein Geld für Bildung und Erziehung".

An vier *Brennpunkten* notwendiger *Reformen* werden Vorschläge präsentiert, die Aufstiegschancen für Bildung und Erziehung in Deutschland beinhalten:

(a) *Dauer und Gliederung der Schulzeit*: statt Reförmchen hier oder dort, Neukonzeption der Schule aus einem Guss (vgl. Abb. 3).

(b) Konzept der *Ganztagsschule*: Eine lange überfällige Entscheidung für eine institutionelle Variante in der *Schulbildung*, die allein viele Reformideen erst möglich macht, da die Halbtagsschule damit überfordert ist.

(c) *Privatschulmodell*: In diesem Modell besteht unter Umständen eine (ggf. mit Sponsorenunterstützung) Möglichkeit das staatlich (unter-)finanzierte, ungebührlich reglementierte, lethargisch gewordene, ins Mittelmaß abgesunkene und den internationalen Herausforderungen kaum gewachsene Schulsystem in Deutschland kräftig aufzumischen und zu neuen Ufern zu führen.

(d) Schulkonzeption der *Bewegten Schule*: Diese ist ein Beispiel um mit der unumgänglichen ganzheitlichen Erziehungs- und Bildungskonzeption ernst zu machen, indem die einseitig intellektuelle und kognitive Überlastung der Schule durch die motorische und auch affektive Dimension menschlichen Verhaltens und Handelns ergänzt wird. Nur ein ganzheitliches Vorgehen garantiert, dass junge Menschen so gebildet und erzogen werden, wie es im Sinne ihrer optimalen Entwicklung notwendig ist.

Es ist sicher nicht möglich, an Hand dieser vier *Brennpunkte* alle notwendigen Reformideen zu präsentieren. Zentrale Aussagen in Richtung *Zukunft der Schulbildung* sind jedoch getroffen. Im übrigen wird auf Teil 3 „Abschnitte für Lehr- und Lernprozesse in der Schule" verwiesen, in dem einzelne Reformideen mit Bezug zu den vier Brennpunkten sowie weitere Reformvorschläge thematisiert werden.

2.3.1 Dauer und Gliederung der Schulzeit

Mit Dauer und Gliederung bezogen auf die Schulzeit sind *Zeitparameter* angesprochen. Diese gilt es nach mehreren Kriterien sinnvoll zu gestalten, wie z. B.: Entwicklungsgemäßheit; Ziel und Inhalt schulischer Bildung; Verhältnis von Grundlagen- und Spezialbildung; Berücksichtigung der Zeit vor (Kindergarten) und nach der Schulzeit (Eintritt in die Berufsqualifzierung); internationale Vergleichbarkeit.

Die folgende Abbildung stellt einen Vorschlag zum *zeitlichen Aufbau des Schulsystems* dar und zwar unter Einbeziehung der Zeit vor und nach der Schulzeit. Dabei wird für das Jahr nach der Schulzeit (18-19 Jahre) ein soziales Jahr für Jungen und Mädchen vorgeschlagen und zwar auf dem Hintergrund der Entscheidung die Bundeswehr zum Berufsheer (ohne Wehrpflicht) umzugestalten.

3-6	Kindergarten – Vorschule	Primarbereich
6-12	Grundschule	
12-16	Sekundarbereich I (Hauptschule, Realschule, Gymnasium, Gesamtschule)	
16-18	Sekundarbereich II (Gymnasium – Gesamtschule, Berufsbildende Schule)	
18-19	Soziales Jahr (Jungen und Mädchen) (keine Wehrpflicht – Berufsheer)	

Abbildung3 : Lebenslaufperspektive im Kontext von Bildung und Erziehung

Auf diesen Gesamtvorschlag zum Aufbau des Erziehungs- und Bildungswesens wird an mehreren Stellen der vorgelegten Analyse Bezug zu nehmen sein. Im Kontext mit der Schulzeit werden folgende *Hinweise* als Grundlage und Anregung zur Diskussion gestellt:

- Das *Einschulungsalter* mit sechs Jahren ist adäquat. Vorausgehen sollten allerdings für alle Kinder (garantiert) drei Jahre Kindergarten, wobei für das fünfte Lebensjahr die Form der Vorschule vorzusehen ist, so dass im Alter von sechs Jahren ein harmonischer Übergang in den eigentlichen Schulbereich erfolgt.

- An diesem Schnittpunkt im Leben junger Menschen ist ein *Portfolio-Modell* zu beginnen. Dabei werden in abgestimmter Kontinuität festgestellte Leistungen von Kindern und Jugendlichen eingetragen und zwar für jedes Schulfach; dabei sollte die kognitive, affektive und motorische Dimension menschlichen Verhaltens gleichermaßen zum Tragen kommen. Portfolio hat nichts direkt mit dem Thema Notengebung zu tun, sondern ist ein die Schuljahre übergreifendes kontinuierliches Festhalten des *Leistungsstandes* im Sinne eines jeweiligen Status quo ohne Bewertung durch Noten (vgl. 2.1.1).

- Der Wechsel in die nächste Stufe (von *Primar- zur Sekundarstufe*) sollte sinnvoller Weise - v. a. aus entwicklungspsychologischer Perspektive - nach der Klasse sechs erfolgen. Dieses Gliederungsmodell für Schule wird in mehreren Ländern (z. B. in Skandinavien) bereits praktiziert.

- Der *Sekundarstufe I-Bereich* (Klasse 7-10) endet mit der *allgemeinen Schulpflicht*, d. h. alle Schüler gehen 10 Jahre zur Schule.

- Die *Sekundarstufe II* (Klasse 11-12) ist der Berufsorientierung zuzurechnen und umfasst zum einen die Berufsbildenden Schulen und zum andern die allgemeinbildende Vorbereitung für den tertiären Bildungsbereich (Abitur).

Wichtigste Änderung muss die Begrenzung der Schulzeit auf *12 Jahre* sein, die bei Verstärkung der Arbeit in den Klassen 11 und 12 akzeptabel ist. Damit ist internationale Vergleichbarkeit, früherer Berufseintritt und altersadäquate Anforderung sichergestellt. Dies sollte flächendeckend geschehen um nicht über Jahre hinweg zu viele Varianten der Schulzeit vorzufinden und koordinieren zu müssen, was mit vielen Schwierigkeiten verbunden wäre.

2.3.2 Konzept der Ganztagsschule

Wohl kaum ein Thema aus der *Schulbildung* wird schon so lange und so kontrovers wie dieses diskutiert. Erschwerend kommt hinzu, dass bei den Diskussionen häufig eine Verwechslung von Gesamtschule und Ganztagsschule vorkam und immer noch vorkommt. Dies hängt wohl auch damit zusammen, dass Gesamtschulen sehr häufig als Ganztagsschulen konzipiert worden sind. Festzuhalten ist jedoch, dass das Konzept *Ganztagsschule* grundsätzlich mit *jedem Schultyp* vereinbar und machbar ist. In einem *Dreischritt* folgen Aussagen zum Konzept der Ganztagsschule: *aktuelle Diskussionspunkte, Bedingungen für eine Realisierung, Begründung für das Konzept Ganztagsschule.*

(a)   Aktuelle Diskussionspunkte

Im folgenden werden exemplarisch einige dieser aktuellen Diskussionspunkte nachgezeichnet:

- *Betreute Schule*: Hier wird davon ausgegangen, dass v. a. im Grundschulbereich (Primarstufe) die Kinder nach den eigentlichen Schulstunden noch eine bestimmte Zeit betreut werden um sie nicht irgendwo sich selbst zu überlassen (Schlüsselkinder).

- *Chancengleichheit für Frauen*: Die Berechtigung dieser Forderung ist unumstritten. Sie hat einmal mit dem berechtigten Wunsch der Frauen zu tun beruflich tätig zu sein; zum anderen gibt es auch so etwas wie ein legitimes Anrecht auf Zeit zum Eigenleben der Frau, was, selbst wenn keine Berufstätigkeit vorliegt, im Halbtagsschulkonzept kaum verwirklichbar ist.

- *Finanzielle Machbarkeit*: Hierbei ist natürlich zunächst zu berücksichtigen, dass es heute ein Trend ist das Alibi „Nichtfinanzierbarkeit" zu verwenden. Bei Setzung richtiger Prioritäten im Finanzbereich ist die Verwirklichung des Konzepts der Ganztagsschule gerade in einem wohlhabenden Land wie Deutschland durchaus machbar.

- Bei allen *politischen Parteien* scheint sich in jüngster Zeit die Einsicht durchzusetzen, dass das Konzept der *Ganztagsschule* nicht mehr Tabu sein darf sondern umgesetzt werden muss.

(b)   Bedingungen für eine Realisierung

Klar ist, dass aus Halbtagesschulen nicht nahtlos Ganztagsschulen gemacht werden können. Folgende Beispiele zeigen jedoch, an welchen Punkten hier Veränderungen notwendig und auch machbar sind:

- Bauliche Umgestaltung von *Räumen für Lehrer*, d. h. ein kleiner, aber für jeden Lehrer getrennter Arbeitsplatz (möglichst Einzelzimmer) um die Aufgaben im Ganztagsschulmodell adäquat erledigen zu können. Daneben Bereitstellung von Gruppenarbeitsräumen
- Schaffung baulicher Voraussetzungen für die *Mittagsverpflegung* der Schüler
- Bereitstellung von Angeboten zur aktiven und passiven Pausengestaltung in der Zeit von 8.00 - 16.00 Uhr
- Veränderung des *Dienstpflichtenkatalogs* der Lehrer in der Arbeitszeit von 8.00 - 16.00 Uhr
- Bereitstellung von Möglichkeiten für *interaktives Arbeiten von Lehrern und Schülern* (Beratung, Kleingruppen, Eigentätigkeit, Ressource-Center)

Insgesamt gesehen betreffen diese Punkte die materiell-organisatorischen Voraussetzungen für eine Verwirklichung der Ganztagsschule.

(c)   Begründungen für das Konzept Ganztagsschule

Selbst auf dem Hintergrund der Erfahrungstatsache „nothing is perfect" lassen sich zahlreiche *Begründungen* für eine dringende Einführung der Ganztagsschule anführen, wie zum Beispiel:

- *Betreuung* und *Bewahrung* für Kinder und Jugendliche, v. a. auch in sozialen Brennpunkten

- Mehr *Zeit* für ruhige und auch gelassene Lenkung von Erziehungsprozessen

- Möglichkeit zur Aufnahme *neuer Inhalte* in die Schule (z. B. IT-Kompetenz)

- Verbesserte Chancen der Einbeziehung der *affektiven Erziehungsdimension* (sowohl individuell als auch sozial gesehen)

- Neue Wege zur Verwirklichung von *Bewegung, Spiel und Sport*

- Durch Ganztagsanwesenheit der Lehrer Sicherstellung von *Beratung, Hilfen* und *Zuwendung* für Schüler, so dass das Nachhilfe(un)wesen in Schranken verwiesen wird und sozio-ökonomische Unterschiede nicht verstärkt werden.

- Wegfall des bisherigen Konzepts der *Hausaufgaben*. Diese werden als Teil der Schularbeit (auch mit Hilfe der Lehrer) erledigt. Nach 16.00 Uhr haben Schüler dann (wie Erwachsene (auch Lehrende) ja auch) ein legitimes Anrecht auf Freizeit. Unberührt davon ist die Erledigung einzelner Sonderaufgaben als Konsequenz der Individualisierung von Unterricht auch nach 16.00 Uhr.

- Vermehrt vorliegende neue Vorschläge und Modelle der *Didaktik* benötigen *Zeit* zur Umsetzung und können nur in der Ganztagsschule voll greifen.

- Die richtige Tendenz zur Vermittlung von *Schlüsselqualifikationen* (vgl. 1.1) kann eher realisiert werden.

- Es ist eine bessere *Identifikation* von Lernenden und Lehrenden mit ihrer Schule möglich, da durch verlängerte und variable Kontaktzeiten die Chancen erhöht sind, dass man sich in der Schule auch wohl fühlt.

- Die Verwirklichung des *Netzwerkgedankens*, d. h. die Vernetzung Schule-Land und Schule-Gemeinde/Stadt ist eher möglich, da die Ganztagsschule mehr Zeiträume für die Gestaltung von entsprechenden Veranstaltungen zur Verfügung hat.

Dieser nur beispielhafte Katalog an Begründungen kann bereits die Stärken des Konzepts der *Ganztagsschule* gegenüber dem bisherigen Konzept der *Halbtagsschule* andeuten.

2.3.3 Privatschulmodell

Zum Thema der verschiedenen Schultypen, die vorwiegend staatliche Schulformen sind, wird in Teil 3 detailliert Stellungen genommen. Hier geht es darum, das Konzept „*privat* verantwortete Schule" als Ergänzung für das *staatliche* Schulsystem zu betrachten.

Diese Diskussion des Privatschulgedankens erfolgt auf dem Hintergrund einiger *Prämissen*, deren Explizierung im Folgenden geschieht:

- *Alternativen* bereichern grundsätzlich das Regelangebot und befördern Flexibilität, Dynamik und Phantasie.
- Es gibt so etwas wie den Glauben an die *Evidenz des Empirischen*. Dies heißt, dass man Konzepte ausprobieren muss. Bewähren sie sich, bleiben sie bestehen; wenn dies nicht der Fall ist, kann man ihre Erprobung beenden. Dieses Vorgehen ist in Privatschulen, auf Grund der stärkeren Autonomie dieses Schultyps, eher möglich als in staatlichen Schulen.
- Die jüngste Geschichte hat gelehrt, dass der *Staat „schlank"* sein sollte und Lebensbereiche nicht monopolistisch beherrschen darf.
- Bezogen auf Erziehung und Bildung sollte es nicht den teils unsinnigen Wettstreit von politischen Parteien geben, sondern den von wirklichen *inhaltlich anspruchsvollen Positionen*, wie sie z. B. im Privatschulbereich vermehrt angeboten werden. Dabei ist allerdings zu berücksichtigen, dass ein Minimum an gemeinsamen Standards bei staatlichen und privaten Schulen gesichert sein muss.
- Eine gewisse *Basisfinanzierung* der Privatschulen durch den Staat verhindert, dass aus finanziellen Gründen Konzepte verbogen und damit auch unehrlich verändert werden.

Die Privatschule – übrigens gilt Vergleichbares für die Kindergartenzeit und die Zeit nach der Schule, d. h. für Fachschulen/Akademien und Hochschulen bzw. Universitäten – ist so etwas wie die *Hefe im Teig*. Ein Erziehungs- und Bildungssystem, das dogmatisch, vielleicht sogar ideologisch geprägt und erstarrt ist, kann die Herausforderungen der jeweiligen Epoche nicht meistern. Die Tendenz und Gefahr der *Ideologisierung* des Erziehungs- und Bildungswesens ist ohnehin sehr groß. Hier ist zumindest ein Korrektiv mit „privaten" Ansätzen notwendig, so dass – wie gesagt – Einseitigkeiten, Dogmatisierungen, Einbahnstraßen und Ideologien keine oder zumindest weniger Chancen auf Realisierung haben.

So lassen sich für die Verwirklichung des Modells der Privatschule eine ganze Reihe von Begründungen angeben, wie z. B. die folgenden:

- Herausforderung für alle am Erziehungs- und Bildungsprozess beteiligten Personenkreise (Schüler, Lehrer, Eltern, Arbeitgeber, Politiker) in *Alternativen, Innovationen* und *Varianten* zu denken.

- Chance der besseren Förderung von unterschiedlichen Begabungen im Sinne optimaler Förderung von Talent und Neigung, vor allem da in den meisten Fällen auf eine Lehrperson weniger Schüler entfallen als in den staatlichen Schulen.

- Verbesserung der *Motivation* der am Erziehungs- und Bildungsprozess beteiligten Personen, da eine Entscheidung für die besondere - *private* - Variante selbst gefällt worden ist; dies heißt, dass man in starkem Maße hinter dieser Entscheidung steht.

- Dies führt zu größerer *Identifikation*, die - als Negativerkenntnis ausgedrückt - an staatlichen Institutionen zum großen Teil relativ gering ist und somit teilweise zu der oft beklagten Orientierungslosigkeit junger Menschen beiträgt. Dies heißt, im Privatschulbereich ist die Chance zu einer verbesserten „*Corporate Identity*" gegeben, die übrigens auch – wie angedeutet – durch die Konzeption der *Ganztagsschule* eindeutig gefördert wird.

- Bei im Regelfall kleineren Klassen lassen sich didaktische Innovationen leichter verwirklichen.

Es sei hier nur an das Beispiel der *Waldorfschulen* - ohne jetzt näher auf dieses oder andere Privatschulkonzeptionen eingehen zu können - erinnert, wo verschiedene Punkte im Sinne alternativer und innovativer Gestaltung von Schulleben verwirklicht werden, wie z. B.: bauliche Gestaltung, Epochenunterricht, ganzheitliches Bildungsverständnis, Theorie-Praxis-Bezug.

Insgesamt kann festgehalten werden, dass zum Wachrütteln, Verändern, Umgestalten und Verbessern des umfangreichen staatlichen Schulbereichs der Motor *Privatschule* dringend benötigt wird und von daher auch zu fördern ist.

2.3.4 Schulkonzeption der „Bewegten Schule"

Die folgende kurze Analyse der Schulkonzeption *Bewegte Schule* basiert auf der Untersuchung einer Regensburger Projektgruppe (2001). Man muss dabei davon ausgehen, dass es in Deutschland bereits eine ganze Reihe landesweiter *Projekte* zur Bewegten Schule gibt:

Tabelle 2 : Projekte zur „Bewegten Schule"

- Bewegte Grundschule (Bayern) - Die Schule bewegt sich (Baden-Württemberg)	- Mehr Bewegung in die Schule (Nordrhein-Westfalen) - Bewegte Schule zieht Kreise (Rheinland-Pfalz)

Die Argumente für eine *Bewegte Schule* lassen sich in folgenden 10 Punkten zusammenfassen (Regensburger Projektgruppe, 2001, S. 19).

Tabelle 3 : Argumente für eine „Bewegte Schule"

---

(1) Mehr Bewegung wirkt dem dauernden Sitzen und den dadurch verursachten Rückenbeschwerden am Arbeitsplatz Schule entgegen (ergonomisches Argument).

(2) Mehr Bewegung kann den unerwünschten Bewegungsmangelkrankheiten mit Hilfe gezielter Bewegungsangebote vorbeugen (physiologisches Argument).

(3) Mehr Bewegung ist ein zentrales Element ganzheitlicher Gesundheitsführung und kann einen wichtigen Beitrag zur gesunden Lebensführung leisten (gesundheitspädagogisches Argument).

(4) Mehr Bewegung stärkt die Bewegungssicherheit und hilft, Schulunfälle zu verhüten (sicherheitserzieherisches Argument).

(5) Mehr Bewegung begünstigt eine aktive Auseinandersetzung mit der Umwelt und auf diese Weise den individuellen Entwicklungsprozess (entwicklungspsychologisches Argument).

(6) Mehr Bewegung kann sowohl die geistige Leistungsfähigkeit und den Lernerfolg als auch die Lernbereitschaft und das Lernklima fördern (lernpsychologisches Argument).

(7) Mehr Bewegung kann der Körperentfremdung, den Erfahrungsverlusten und alltäglichen Bewegungseinschränkungen entgegen treten (lebensweltliches Argument).

(8) Mehr Bewegung befriedigt ein grundlegendes Bedürfnis des heranwachsenden Menschen und differenziert seinen Zugang zur Welt (anthropologisches Argument).

(9) Mehr Bewegung kann das Leben in der durchorganisierten Leistungsschule humaner machen (schulökologisches Argument).

(10) Mehr Bewegung ist als Quelle leiblicher Selbsterfahrung ein unverzichtbarer Bestandteil der Bildung des Menschen (bildungstheoretisches Argument).

Die im Folgenden analysierten Elemente einer *Bewegten Schule* machen deutlich, dass *Bewegte Schule* sich nicht in einer Stunde mehr Sportunterricht oder in seiner besonders qualifizierten Ausprägung erschöpft, sondern zahlreiche *Elemente* gleichsam „jenseits" von Sportunterricht enthält:

- *Bewegtes Sitzen*

Dies bedeutet einmal die „richtige" Sitzhaltung einzunehmen sowie auch die Sitzposition zu verändern. Dabei helfen spezielle Auflockerungsübungen und Entspannungsphasen. Voraussetzungen sind auf jeden Fall ergonomisch sinnvoll gestaltete Arbeitsmöglichkeiten.

- *Bewegungspause*

Eine Unterbrechung der vorwiegend kognitiv orientierten Unterrichtsarbeit ist dann notwendig, wenn Unaufmerksamkeit, Unruhe und Lustlosigkeit bei den Lernenden auftreten. Dann sollten 10 Minuten Bewegungspause mit Aktivierung, Vitalisierung und Kräftigung an verschiedenen Orten der Schule durchgeführt werden.

- *Bewegte Pause*

Diese bezieht sich auf die Gestaltung der üblichen Pausen in bewegter Form. Dazu ist es notwendig, dass die Pausenhöfe entsprechend gestaltet sind, d. h. Geräte zur Verfügung stehen, so dass freudiges Bewegen möglich ist.

- *Bewegter Unterricht*

Dies betrifft die Einbeziehung von Bewegung in Unterrichtsstunden sowie eine bewegungsorientierte Veränderung im Ablauf des Schultages. Der Wechsel von Spannung und Entspannung ist hierbei zu realisieren. Bewegter Unterricht bedeutet jedoch auch, dass Bewegung im Rahmen von fächerübergreifendem Unterricht thematisiert wird.

- *Bewegter Lernraum*

Hier ist eine Kombination von Verhaltens- und Verhältnisorientierung entscheidend. Der Schwerpunkt liegt allerdings auf der Verhältnisorientierung, da es gilt den Lernraum so zu gestalten, dass Bewegung möglich ist.

- *Bewegter Sportunterricht*

Der Sportunterricht ist dabei vor allem auf Aspekte wie Wahrnehmung und Erlebnis der Bewegungskultur auszurichten. Bewegungsentwicklung, Haltungsförderung, Erfahren neuer Bewegungsräume sowie fächerübergreifender Unterricht mit dem Thema „Bewegung" sind wichtige Ansatzpunkte.

- *Bewegungsangebote im außerunterrichtlichen Schulsport*

Hier kann das Schulprofil durch Arbeitsgemeinschaften, Schulsportwettkämpfe, Sportexkursionen, Sportfeste usw. gestärkt werden.

Da sich nur die beiden letzten Elemente mit Schulsport im engeren Sinn befassen, wird deutlich, dass *Bewegte Schule* ein grundsätzliches Schulkonzept darstellt, das dringend flächendeckend verwirklicht werden sollte, um Kindern und Jugendlichen eine möglichst *ganzheitliche Erziehung* und *Bildung* zu ermöglichen, die die Förderung *kognitiver, affektiver* und *motorischer Elemente* gleichermaßen berücksichtigen.

2.4   Dimension: Gesellschaft / Zeitsituation

Diese vierte Dimension *Gesellschaft*, die von großer Bedeutung für eine *Schulbildung* von Morgen ist, wird häufig übersehen oder in ihrer Bedeutung falsch eingeschätzt. Dies hängt damit zusammen, dass die Bipolarität *Anlage* und *Umwelt*, die mit Bezug zu den Bedingungsfaktoren für die menschliche Entwicklung heute - auch aus wissenschaftlicher Sicht - als unstrittig angesehen wird, dennoch in der Wirklichkeit oft nicht zum Tragen kommt. Die Dimension *Gesellschaft* ist nun eindeutig dem Pol *Umwelt* zuzuordnen; dies heißt, dass sozio-kulturelle und sozio-ökonomische Faktoren, auch bei der Gestaltung der Schule, berücksichtigt werden müssen.

Was heißt nun *Gesellschaft*? Eine mögliche Definition lautet:

> „Eine Gesellschaft wird wesentlich durch nichtpersonale Faktoren wie Sprache, Rechtsauffassung, Erziehungsziele, materielle Gegebenheiten, Religion, Weltanschauung, spezielle Geschichte u.a. geprägt. Das Zusammenspiel dieser Faktoren macht eine Gesellschaft zu dem, was sie ist. Die Gesellschaft kann auch als Rahmen verstanden werden, in dem das Individuum Orientierungen für sein Handeln findet. Jeder Mensch wird durch die gesellschaftlichen Verhältnisse (soziales Umfeld, Schicht, eigene Rolle in der Gesellschaft) geprägt und bedarf der Gesellschaft um seine Anlagen entfalten zu können. ... Er ist aber auch in der Lage, gesellschaftliche Verhältnisse zu verändern" (Kwiatkowski, 1985, S. 160-161).

Aus der Definition werden die vielen Faktoren ersichtlich, die konkreten Einfluss auf die *Schulbildung* ausüben.

Hier sollen nun nicht Phasen der Entwicklung der Gesellschaft in Deutschland nachgezeichnet werden. Dies heißt, es kann nicht darum gehen, die 50er, 60er, 70er, 80er oder 90er Jahre zu schildern oder etwa die Nachkriegszeit, das Wirtschaftswunder oder das Automationszeitalter zu charakterisieren.

Vielmehr werden im Folgenden beispielhaft Gesichtspunkte genannt, die mit dem Blick nach vorn im Rahmen der Berücksichtigung der Dimension *Gesellschaft* für die Gestaltung der *Schulbildung* von Morgen zu berücksichtigen sind:

- Die Erziehungs- und Bildungstradition zeigt in Deutschland - nach dem dieser Analyse zugrunde gelegten Begriffsverständnis - bezogen auf Schule immer noch eine starke „Schlagseite" in Richtung Bildungsdenken, d. h. Denken in *Produkten* bzw. Bildungsgütern, im Vermitteln von Wissen. In diesem Kontext muss dringend ein Erziehungs- bzw. *Prozessdenken* ergänzt werden; dabei ist dann auch eher ein ganzheitliches Vorgehen gewährleistet, und zwar im Sinne der Berücksichtigung kognitiver, affektiver und motorischer Ansätze.

- Die kognitiv-theoretische Überfrachtung ist als gesamtgesellschaftliches Problem nochmals deutlich mit dem Ziel zu betonen, dies im Sinne eines *ganzheitlichen Verständnisses* von Bildung und Erziehung zu überwinden.

- Eine weitere höchst aktuelle gesellschaftliche Tendenz ist dringend in die Schranken zu verweisen, nämlich die Orientierung des im weitesten Sinne kulturellen Bereichs an vorwiegend *wirtschaftlichen und finanzpolitischen Kriterien*. Hier werden heute Parameter aus dem gesellschaftlichen Teilsystem *Wirtschaft* einfach entnommen und auf Kultur (zu der auch Erziehung und Bildung zählt) als gesellschaftlichem Teilsystem angewandt. Schulen lassen sich jedoch nicht allein nach Maßstäben eines kleinen Industriebetriebs lenken und gestalten. Dies heißt nicht, dass Effizienz, Optimierung und Erfolg für Schulen Fremdworte sind. Aber die innere Logik von Schulbildung erfordert doch einen anderen, stärker humanistisch orientierten Zugang und nicht reines Wirtschaftsdenken.

- Ein weiterer Grundzug der heutigen Gesellschaft ist verstärkt einzudämmen oder zumindest aus der Schule fernzuhalten. Dies betrifft *Hektik, Hetze, Oberflächlichkeit, Unruhe* und ähnliche Faktoren. Erziehung und Bildung brauchen genau das Gegenteil: *Entspannung, Gelassenheit, Gediegenheit* und *Ruhe*. „Weniger ist mehr", „Lob der Langsamkeit" oder „nur net hudle" - wie man im Allgäuer Dialekt sagt - sollten eher als Leitlinie für die Schulbildung dienen.

- Die heutige Gesellschaft wird gelegentlich als roh, gewalttätig, aggressiv oder auch als *Ellbogengesellschaft* gekennzeichnet. Dies hängt natürlich eng mit den Merkmalen *Geld* und *Hektik* zusammen. Auch hier muss Schule gegenhalten und eindeutig in umgekehrter Richtung erzieherisch wirken.

- Es gibt die Aussage, dass man eine Gesellschaft - im Sinne ihrer Wertigkeit - letztlich am besten danach beurteilen kann, wie sie mit ihren *Kindern* und *alten Menschen* umgeht. Konkret gesprochen: Halten Autos an, wenn eine Frau mit Kinderwagen und einem Kind an der Hand eine verkehrsreiche Straße kreuzen will? Wird einem alten Menschen geholfen, wenn er beim Aussteigen aus dem Zug den großen Abstand zwischen letzter Stufe und Bahnsteig überwinden will ohne zu fallen? Sicher gibt es auch viele positive Antwortbeispiele auf diese Fragen. Dennoch würde ein höherer Grad an Kinderfreundlichkeit auch stark positive Auswirkungen auf die Gestaltung der Schule haben. Hier muss sich das Wertesystem der Gesellschaft in Deutschland noch gründlich zugunsten von Kindern und alten Menschen ändern.

- Die Gesellschaft in Deutschland wurde früher gern auch mit als typisch *preußisch* benannten *Tugenden* gekennzeichnet, wie z. B. Fleiß, Ordnung, Pünktlichkeit, Zuverlässigkeit, Genauigkeit. Heute scheint eine gesellschaftliche Entwicklung bezogen auf eine breite Gruppe in Gang zu sein, die eher durch die *Komplementärwerte* gekennzeichnet ist wie z. B. Arbeit nur als Job und ohne Überanstrengung, Unordentlichkeit, Unpünktlichkeit, Unzuverlässigkeit und Ungenauigkeit. Die Schule muss diese Tendenz zur Kenntnis nehmen und in ihrer Erziehungsphilosophie zumindest einen Mittelweg finden zwischen der Haltung „preußisch" auf der einen und dem modernen „laissez faire, anything goes"-Verhalten auf der anderen Seite.

- Die Gesellschaft wird heute in Deutschland auch gern als Summe von Individuen gekennzeichnet, die sich vorwiegend in ihrer Selbstverwirklichung sehen, egozentrisch denken bzw. handeln und wenig in Solidarität mit anderen, v. a. auch mit den so genannten Randgruppen, leben. Hier muss die *Schulbildung* dringend dafür sorgen, dass zumindest eine sinnvolle Balance zwischen

Individual- und Sozialorientierung, zwischen Ich und Wir sowie zwischen Personalisation und Sozialisation erreicht wird.

- Der Begriff *Fairness* wird zwar im gesamtgesellschaftlichen Kontext oft im Munde geführt aber genauso oft missachtet. Ein Bezugsmodell mit drei Richtungen der Fairness (*zu sich selbst, zu anderen* und *zur Natur*) kann hier für die *Schulbildung* Richtschnur sein, um gesellschaftlichen Trends möglichst entgegenzuwirken bzw. sie umzukehren (vgl. Teil 1).

Diese Beispiele können dazu dienen, dass zum einen deutlich wird, welches die *Trends* sind, durch die eine Gesellschaft gekennzeichnet ist. Zum anderen zeigen die Beispiele, wo gesellschaftliche Trends dringend erkannt werden müssen um sie durch Erziehungs- und Bildungsarbeit in der Schule in ihrer *Negativwirkung* einzudämmen und um Schule somit nicht zum ungeschützten Spielball der Gesellschaft werden zu lassen.

Im Teil 1 - Grundlagen der Schulbildung - ist ein langer Katalog positiv einzustufender Orientierungen dargestellt worden. *Schulwelt* ist zum einen *Opfer* der Gesellschaft; sie kann zum anderen aber auch gleichsam *Täter* im positiven Sinn sein, indem sie Werte vermittelt, die aus humanistischer Sicht als akzeptiert gelten können. Die Dimension *Gesellschaft* hat somit eine negative aber auch eine mögliche positive Perspektive, wenn man Schule und *Schulbildung* in den Kontext von Gesellschaft stellt.

3   Abschnitte für Lehr- und Lernprozesse in der Schule

Die Bildungslandschaft ist in Deutschland relativ vielfältig und gleicht einem Netzwerk mit zahlreichen Verbindungen, die sowohl einen Ersten als auch einen Zweiten Bildungsweg sicherstellen. Damit ist Bildung, wenn der entsprechende Wille und das Engagement da sind, für alle - unabhängig von ihrer sozio-ökonomischen Situation - erreichbar.

Die Gliederung der Abschnitte bezieht sich in ihrer sequentiellen Anordnung ver-ständlicherweise auf das Altersprinzip (Lebenslaufperspektive), wobei sich wie-derum drei Unterabschnitte unterscheiden lassen.

Zum ersten ist dies der primäre Bildungsbereich mit Kindergarten, Vorschule und Grundschule. Damit in diesem Bereich (Alter 4-12) gute Erziehungs- und Bil-dungsarbeit geleistet werden kann, ist eine enge Beziehung zur bzw. ein Rückgriff auf die Elternwelt notwendig. So legitimiert sich der erste Teil (Elternwelt) dieser Analyse auf Grund des Zusammenhangs zwischen Elternwelt und *Schulbildung*.

Zum zweiten ist der Sekundarbereich I zu sehen, d. h. die Jahrgangsstufen 5 bis 10 (mit einigen Ausnahmen). Hier sind fünf Schultypen zu berücksichtigen (Haupt-schule, Realschule, Gymnasium [Unter- und Mittelstufe], Gesamtschule sowie Sonderschule). Es ist auf jeden Fall der Abschnitt, bis zu dessen Ende die allge-meine Schulpflicht im Regelfall besteht; dies heißt, dass nicht zu vernachlässigen-de Minima mit den Lernenden in diesen Jahren erarbeitet worden sein müssen um sie gesellschaftsfähig und gesellschaftstüchtig zu machen.

Zum dritten ist der Sekundarbereich II zu sehen, d. h. die Jahrgangsstufen 11-12 bzw. 13. Hier sind drei Schultypen zur berücksichtigen (Gymnasium (Oberstufe), Gesamtschule, Berufsbildende Schule (mit verschiedenen Varianten). Zum Teil tritt hier das Kriterium Berufsorientierung und Berufsvorbereitung in den Vorder-grund, wozu im weitesten Verständnis auch das Ziel der Erlangung der Studierfä-higkeit gezählt werden kann.

Vergleicht man unter historischer Perspektive den Grad der Ausdifferenzierung des primären und sekundären Bereichs des Erziehungs- und Bildungssystems, so lässt sich feststellen, dass die Möglichkeiten und Wege stark zugenommen haben um jungen Menschen in der *Schulbildung* entsprechende Entwicklungsmöglichkeiten zu bieten. Es sind ebenfalls eindeutige Demokratisierungstendenzen sichtbar, d. h. jeder, der will, kann in Deutschland heute auch seinen Weg machen, unabhängig vom religiösen, geschlechtlichen oder sozio-ökonomischen Status.

Diese *Schulbildung* im weitesten Sinne ist fast ausschließlich öffentlich, d. h. durch Steuergelder finanziert. Die Wertschätzung und Pflege der Schule durch deren Benutzer lässt allerdings bisweilen sehr zu wünschen übrig. Die Identifikation mit dem System *Schulbildung*, das jungen Menschen viel Positives bietet, müsste viel stärker sein.

Gerade hier liegt auch ein Ansatzpunkt für notwendige Veränderungen, die im Folgenden für die einzelnen Abschnitte der *Schulbildung* beschrieben werden. Dies betrifft zum Teil auch den Vorschlag für neue organisatorische Maßnahmen um eine Optimierung der *Schulbildung* zu erreichen.

Viele Jahre hindurch wurde vor allem von notwendigen Reformen gesprochen. Jedoch wurde lediglich diskutiert, überlegt und um Konzeptionen gestritten. So ist es an der Zeit, dass gehandelt wird, bevor die Schule in Deutschland nicht mehr in der Lage ist, die anstehenden globalen Herausforderungen zu bestehen.

3.1 Primarstufe

Der Primarbereich umfasst sowohl die freiwilligen als auch die pflichtmäßigen Teile der Bildung und Erziehung etwa vom 3.-12. Lebensjahr. Dazu zählen

(a) *Elementarstufe* (Kindergarten, ggf. mit Vorschule, Alter: 3 bis 6 Jahre, freiwillig)

(b) *Grundschule* (Alter heute: 6 bis 10, [vorzugsweise] bis 12 Jahre)

Die *Primarstufe* ist grundsätzlich durch folgende *Grundlagen* gekennzeichnet:

- *Lebensganzheit* des kindlichen Weltbildes als Ausgangspunkt (Ganzheitsunterricht)
- Vor allem Erfahrungen mit der Heimat und Umgebung (Heimatkunde/Sachkunde), der *Muttersprache* (lesen, schreiben), der Welt der *Zahlen* (Rechenunterricht), der *Bewegung* und mit Grundwerten im ethisch-religiösen Bereich
- Ergänzung des Gesamtunterrichts durch *Sachunterricht* (Fächer) mit Intensivierung des kognitiven Anspruchsniveaus
- Verstärktes Anbieten von *kompensatorischen Ausgleichskursen* (z. B. Sprachkurse, Rechtschreibkurse, Sportförderunterricht - Behebung von Schwächen in der Organleistung, Haltung und Koordination sowie Abbau von psychisch auffälligem Verhalten)
- Schaffung von *sozialem Ausgleich* durch organisatorische Maßnahmen; dies heißt Schaffung von Startgerechtigkeit durch Abstimmung mit der Elementarstufe („Head Start") und ggf. Orientierungsstufe (Klasse 5-6) als sozial ausgleichenden Übergang in die Sekundarstufe I

Für diese im Rahmen des Übergangs von der *Elternwelt* zur *Schule* wichtige Phase der *Primarstufe* sind eine ganze Reihe von im Folgenden dargestellten Vorstellungen vorhanden. Dabei ist zu berücksichtigen, dass sicherlich an manchen Orten diese bereits erfüllt sind, an anderen noch auf Verwirklichung warten.

- Sicherstellung, dass jedes Kind einen *Kindergartenplatz* erhält. Schaffung von Kindergartenplätzen, bei denen Kinder im Sinne der *Kinderkrippe* (vgl. ehemals DDR) so lange über den Vormittag hinaus bleiben können, wie es die familiären Verhältnisse (z. B. Berufstätigkeit beider Elternteile) erfordern.
- Ausreichende *infrastrukturelle Ausstattung* der Kindergärten mit Spielgeräten, die eine ganzheitliche Herausforderung der Kinder erlauben, d. h. Förderung von Entwicklungsverläufen im kognitiven, affektiven und motorischen Bereich.
- Verstärkte Bemühungen um *Vorschulerziehung*, sei es in Vorklassen (5. Lebensjahr) oder Eingangsstufen zur Grundschule (5./6. Lebensjahr) im Sinne der optimalen Frühförderung begabter Kinder (Motto: nicht überfordern, aber auch nicht unterfordern); dies impliziert gezielte Förderung, so dass möglichst alle Kinder in die erste Grundschulklasse aufgenommen werden.

- Verstärkte Berücksichtigung der *Spiel- und Sozialerziehung* in den Jahren vor Eintritt in die Grundschule zur Förderung der Lernmotivation und des Sozialverhaltens; dies schließt Fördermaßnahmen für benachteiligte Kinder mit ein.
- Ganzheitlich orientierte Diagnose (Inputevaluation) beim Eintritt in die Grundschule (z. B. schulärztliche Untersuchung; Überprüfung kognitiver Fähigkeiten; Test zur Überprüfung der Bewegungskompetenz - TÜB) zur genauen Planung von Lehr- und Lernprozessen in der Grundschule.
- Festhalten der Daten dieser Inputevaluation und kontinuierliche Wiederholung der Testung als die Grundschulzeit begleitende Datenbank mit Rückmeldefunktion und als Basis für Unterrichtsplanung.
- Sorgfältige und behutsame Einführung der Wissenschaftsorientierung (Fächer), ohne Aufgabe ganzheitlicher Ansätze im Lehren und Lernen in der Grundschule.
- Verstärkte Betonung des Erlernens der *Kulturtechniken* Lesen, Schreiben, Rechnen, Bewegung und neuerdings Umgang mit Informationstechnologien.
- Verfolgung der Ansätze *Englisch* als international akzeptierte Kommunikationssprache möglichst frühzeitig zu erlernen.
- Erfüllung von vor allem im *affektiven Bereich* liegenden *Forderungen* in der Primarstufe wie z. B.: Wohlfühlen und Freude empfinden; entdeckendes Lernen neben sachstrukturellem Vorgaben; Selbstorganisation der Lernprozesse; Förderung der Kreativität.
- Von der betreuten Grundschule zur *Ganztagsschule*, v. a. wo *soziale Brennpunkte* dies nahe legen.
- Da die wichtigsten Entscheidungen über die spätere schulische Laufbahn der Kinder in der *Grundschule* fallen, ist diese personell, räumlich und etatmäßig unbedingt adäquat *auszustatten*.
- Für die *Lehrenden* in der Grundschule sind gleicher Rahmen, Dienststellung und Besoldung wie für Lehrende in der Sekundarstufe I bzw. II vorzusehen. Die Ausbildung sollte nur die Primarstufe (vorzugsweise bis einschließlich Klasse 6) und nicht noch die Hauptschule (vorzugsweise Klasse 7-10) umfassen.

3.2 Sekundarstufe I

Die *Sekundarstufe I* umfasst nochmals alle Kinder im schulpflichtigen Alter (Klasse 5 bzw. 7 - 10, 10. bzw. 12. - 16. Lebensjahr) und arbeitet in sehr unterschiedlichen *Schultypen* bzw. *Schulformen* (Sonderschule, Hauptschule, Realschule, Gymnasium, Gesamtschule).

Unabhängig vom *Schultyp* (organisatorische Ausprägungsform) und der leider immer wieder sehr emotional geführten Diskussion *Gesamtschule* versus *gegliedertes Schulsystem* lassen sich für die *Sekundarstufe I* bestimmte *Merkmale* bzw. Anforderungen feststellen:

- Die *Lehrpläne* sind an wissenschaftlichen Kategorien zu orientieren und sollen eine Grundbildung für alle Kinder bzw. Jugendlichen sowie Möglichkeiten der speziellen Bildung sicherstellen.

- Kognitive, affektive (individual-sozialorientiert) und motorische Lernziele sind - im Sinne von Ganzheitlichkeit - gleichermaßen zu verfolgen.

- Pflicht-, Wahlpflicht- und freier Wahlbereich kennzeichnen das *Inhaltsangebot* der Sekundarstufe I.

- Möglichst alle Lernenden der Sekundarstufe I sollen den Abschluss der *Schulpflichtzeit* erreichen. Unter Umständen sind Fördermaßnahmen vorzusehen.

- *Kriterien* für die *Lehr-Lernprozesse* sind Wissenschaftlichkeit, Adressatenbezogenheit und sozialer Bezug.

- Im Rahmen der Sekundarstufe I werden *Zweijahresblöcke* als Binnengliederung unterschieden: Klasse 5-6 als Orientierungsstufe (schulformabhängig und schulformunabhängig), Klasse 7-8 und Klasse 9-10. Dabei werden vor allem in Klasse 5-6 verstärkt Fördermaßnahmen für schwache Schüler angeboten, vorzugsweise allerdings im Rahmen einer 6-jährigen Grundschule (Klassen 1-6).

Die bis heute sehr kontrovers geführte Diskussion um die Alternative *gegliedertes Schulsystem* versus *Gesamtschulsystem* kann hier nicht nachgezeichnet werden. Eine *Antwort* im Sinne wünschenswerter Entwicklung sieht folgendermaßen aus:

Orientierungsstufe (vorzugsweise schulformunabhängig) in Klasse 5-6 mit Verbindung zur *Grundschule*. Ab Klasse 7 erfolgt dann eine viergliedrige Weiterführung der Sekundarstufe I von Klasse 7-10 mit Sonderschule, Hauptschule, Realschule und Gymnasium. Zu diesem Zeitpunkt (d. h. Ende Klasse 6) muss es möglich sein, eine klare Entscheidung für den Übergang in eine der vier *Schulformen* zu treffen. Für Sonderfälle kann es dann immer noch Querversetzungen zwischen den vier *Schulformen* geben. Dies betrifft beide Richtungen. Damit ist die *Gesamtschule* dann überflüssig. Die vier *Schulformen* sollten ohnehin, wenn möglich, als so genanntes *Schulzentrum* geführt werden, so dass vermieden wird, durch räumliche Trennung falsche Abgrenzungen, Hierarchisierung oder gar Diskriminierung zu fördern. Die Leitlinie lautet *„Gleichwertigkeit in der Andersartigkeit"*. Die folgende Abbildung stellt diesen Vorschlag zur Strukturierung der Sekundarstufe I nochmals deutlich dar:

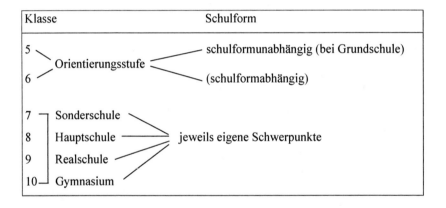

Abbildung 4 : Grundsatzvorschlag zur Binnengliederung der Sekundarstufe I

Neben diesem Grundsatzvorschlag zur Binnenstruktur der Sekundarstufe I werden im Folgenden für die einzelnen Schulformen weitere spezielle Vorschläge zur Beachtung für die zukünftige Weiterentwicklung der *Schulbildung* unterbreitet.

3.2.1 Orientierungsstufe

Für die Orientierungsstufe (Klasse 5-6, 10.-12. Lebensjahr) wird der *schulformunabhängigen Form* der Vorzug vor der schulformabhängigen gegeben.

Begründung: starke Wirkung der sozialen Herkunft; Interessen und fachspezifische Motivationsstrukturen noch nicht klar ausgebildet; Lernfähigkeit und Lernstil noch nicht klar prognostizierbar; Anregungen für die schwächeren durch stärkere Schüler in der Peer Group.

Die Orientierungsstufe ist einerseits der ideale Ort, um gezielte Fördermaßnahmen vor allem bezogen auf die *fünf Kulturtechniken* (Lesen, Schreiben, Rechnen, Bewegen und IT-Kompetenz) zu verwirklichen.

Andererseits gilt es früh entwickelte, intelligente, leistungswillige und leistungsstarke Kinder ebenso zu fördern, da Unterforderung ähnlich wie Überforderung unbedingt zu vermeiden ist.

3.2.2 Sonderschule

Eine Beendigung der traditionell unterfinanzierten und damit unterprivilegierten Behandlung dieser Schulform ist dringend erforderlich. Die notwendige *Individualisierung* der Lernanforderung durch Differenzierung der Lernbedingungen sowie die Verbindung von Erziehung, Unterricht und Therapie erfordern mehr bildungspolitische Aufmerksamkeit.

Die Komplexität dieser Schulform zeigt sich in einer *10fachen Ausdifferenzierung*, wobei alle 10 Behinderungs- bzw. Störformen ihr schulisches Recht bekommen müssen (vgl. Tabelle 4):

Tabelle 4: Formen der Behinderung bzw. Störung mit Bezug zu Sonderschulen

➢ körperbehindert	➢ sprachbehindert
➢ lernbehindert	➢ sehbehindert
➢ sozialgefährdet	➢ blind
➢ verhaltensgestört	➢ gehörbehindert
➢ geistig behindert	➢ gehörlos

3.2.3 Hauptschule

Die Betonung von schulformspezifischen Angeboten in Deutsch, Englisch und Mathematik ist fortzusetzen. Daneben sind für Schüler der Hauptschule folgende relativ *neue Lerninhalte* wichtig:

- *Arbeitslehre*, vor allem mit dem Ziel der Berufsorientierung
- *Lebenslehre*, d. h. ganzheitlich verstandene Hilfe zur Lebensplanung und Lebensgestaltung bis hin zur Berufsplanung und ethischen Erziehung
- *Gesundheitslehre*, ganzheitlich verstanden als körperliche, geistige, seelische und soziale Gesundheit
- *Freizeitlehre*, um kritik- und entscheidungsfähig zu machen in Bezug auf das vielfältige und teils kaum überschaubare Freizeitangebot sowie auf eine sinnvolle Gestaltung der Freizeit
- *Informationstechnologie*, im Sinne einer ersten Einführung zur Entwicklung von Handlungskompetenz im IT-Bereich

Ferner sind bei dem Adressatenkreis der Hauptschüler angepasste Formen des Lehrens und Lernens verstärkt einzusetzen, wie z. B. Erkundung, Praktikum, Projekt, Binnengliederung, Schwerpunktsetzungen und 10. Schuljahr als Pflicht.

3.2.4 Realschule

Trotz Ausbau der Hauptschule muss sich die Realschule gleichsam zwischen Hauptschule und Gymnasium positionieren und behaupten. Dies kann über inhaltliche Gestaltung erfolgen, d. h. ein realistisches Angebot, das sich vor allem auch an Berufsfeldern für potentielle Realschulabsolventen orientiert. Die Schulbildung hat insbesondere mit der Realschule in Deutschland die Chance, einen langen im Bildungs- und Erziehungsdenken vermissten Pragmatismus zu berücksichtigen. Ferner sind die Möglichkeiten, die auch nach dem Realschulabschluss den Weg zum Erwerb der Studierfähigkeit offen halten, zu erhalten bzw. weiter zu auszubauen.

3.2.5 Gymnasium

Sowohl humanistische als auch realistische Bildungsideale sind zu verfolgen. Formale Bildung sowie exemplarisches Lernen sind als Strategien zu verwenden. Es muss ein *Abschluss* (Prüfung - Zertifikat) nach der *Klasse 10* erfolgen um die in der Sekundarstufe I erfolgte *Schulbildung* auch sichtbar zu beenden. Zudem kann man nicht davon ausgehen, dass alle Schüler im Anschluss an die Sekundarstufe I auch die Sekundarstufe II (Klasse 11-12) am Gymnasium besuchen. Die 10. Klasse ist also als eine eindeutige Abschlussklasse anzusehen und zu gestalten, wie es sich auch aus dem offiziellen Ende der Schulpflichtzeit ergibt. Die heute bereits verbreiteten Formen der Schwerpunktbildung (Wirtschaft, Sprachen, Naturwissenschaften, Sport, Kunst) sind weiter zu fördern.

Zusammenfassend kann nochmals festgestellt werden, dass folgende in einer Gesamtsicht stimmige *Strukturierung* der Schulbildung vorgeschlagen wird:

- *Orientierungsstufe* (schulformunabhängig) vorzugsweise in Verbindung mit der Grundschule (Klasse 5-6).
- Vier Jahre Sekundarstufe I (Klasse 7-10) in vier verschiedenen *Schulformen*: Sonderschule, Hauptschule, Realschule, Gymnasium. Damit erübrigt sich die *Gesamtschule*.

Weitere Forderung im Kontext der Schulbildung lauten:

- Einrichtung und Organisation der Schulen als *Ganztagsschulen*
- Ausbildung (gleiche Dauer 8 Semester, 1 Jahr Referendariat) der Lehrer für die Klassen 7-10 mit Schwerpunktsetzung je nach den vier Schulformen mit gleicher Bezahlung an allen Schulformen (ggf. abgesenkte Eingangsstufe mit dafür besseren Beförderungen).

3.3 Sekundarstufe II

Diese Phase umfasst die Jahre nach der Sekundarstufe I. Im Grunde handelt es sich um erste Schritte in Richtung Berufsorientierung bzw. Berufsvorbereitung. Man unterscheidet *zwei große Bereiche*:

– *Berufsbildendes Schulwesen* (duales System: Teilzeitberufsschule und Betrieb (Blockunterricht); Vollzeitberufsschule in Kombination mit Pflichtberufsschule bzw. bestimmten Berufsschulklassen.

– *Gymnasium* mit Schwerpunktsetzungen im naturwissenschaftlich-mathematischen, sprachlichen (alte-neue), wirtschaftswissenschaftlichen, musischen und sportlichen Bereich.

Es ist relativ schwierig über die ganze Bandbreite der Sekundarstufe II hinweg so etwas wie gemeinsame Merkmale bzw. durchgängige Entwicklungstendenzen zu formulieren:

- Bildung und Erziehung in der Sekundarstufe II unterliegen auf Grund der gesellschaftlichen Entwicklungen und der sich rasch verändernden Berufsfelder einem starken Veränderungsdruck. Berufe verschwinden, bleiben bestehen oder entstehen neu. Die zu begrüßende Tendenz geht hier zur Vermittlung von Inhalten in der Sekundarstufe II, die mehrfach verwendbar sind für verschiedene Berufsfelder, d. h. weg vom überspezialisierten Bildungskonzept und hin zu Schulen und Lehrwerkstätten, die sich der skizzierten gesellschaftlichen *Gesamtverantwortung* bewusst sind.

- Höherqualifizierung von Ausbildung über Verwissenschaftlichung und Theoretisierung unter gleichzeitiger Wahrung der Praxis- und Berufsrelevanz. Dies ist der Preis, den die technische Zivilisation fordert. *Wissenschaftsorientierung* ist verbunden mit politischer Reflexivität. Damit gibt es in beiden Bereichen (Berufsbildendes Schulwesen und Gymnasien) vergleichbare Tendenzen.

Bezogen auf die beiden Bereiche, d. h. das *Berufsbildende Schulwesen* und das *Gymnasium* lassen sich folgende *Forderungen* bzw. Vorschläge unterbreiten:

3.3.1 Berufsbildendes Schulwesen

- Verstärkung der Tendenz zur *Vollzeitschule* mit *Ganztagskonzeption* und Dauer von *zwei Jahren*.

- Flexible und dynamische *inhaltliche Gestaltung* mit Blick auf Veränderungen in der Berufswelt.

- Berücksichtigung auch von konstanten Elementen, die sich zum einen auf Vertiefung im Erwerb der fünf bereits erwähnten *Kulturtechniken* beziehen (Lesen, Schreiben, Mathematik, Bewegung, IT-Kompetenz). Zum anderen gibt es Inhalte, die zum Bestehen in der modernen Welt unersetzliche *Qualifikationen* darstellen, wie z. B. Englisch, Politik, Wirtschaft, Management, Medien, Gesundheit und Freizeit.

- Sicherstellung von Möglichkeiten zum Erwerb von Studierfähigkeit für den gesamten Hochschulbereich (Fachhochschule/Universität) auch aus dem Berufsbildenden Schulwesen heraus.

3.3.2 Gymnasium (Klasse 11-12)

- Eindeutige Dauer von *2 Jahren* (*Klasse 11 und 12*) mit *Ganztagsschulkonzeption*.

- Erwerb der *Studierfähigkeit* muss heißen, dass der Erwerb der fünf *Kulturtechniken* auf hohem Niveau erfolgt (Lesen, Schreiben, Mathematik, Bewegung, IT-Kompetenz). Damit verbunden ist ein Zurückgehen auf intensive Befassung mit Fächern wie Deutsch, Mathematik, Sport, Computerkunde; daneben Englisch und exemplarische Befassung aus dem naturwissenschaftlichen, historischen, kulturell-künstlerischen und philosophisch-religiösen Bereich (Stichwort: „weniger ist mehr").

- Umorientierung auf *Allgemeinbildung* und verstärkte Orientierung an dem Erwerb allgemeiner *Studierfähigkeit* zur Sicherstellung eines erfolgreichen späteren Studienverlaufs (v. a. Wissenschaftspropädeutik und nicht Mini-Fachausbildung; Erwerb von historischer, philosophischer, interkulturell vergleichender, terminologischer und informatorischer Handlungskompetenz).

Betrachtet man diese Entwicklungstendenzen in der *Sekundarstufe II*, so geht es um Straffung, formale Bildungsausrichtung und Sicherung nicht zu unterschreitender inhaltlicher Bereiche, die es jungen Menschen ermöglichen entweder nach dem Besuch der Berufsbildenden Schulen (meist schon im Beruf stehend) eine vertiefte Berufsqualifizierung aus der großen Angebotspalette zu erhalten oder nach Abschluss des Gymnasiums den Beruf des Studierenden zu ergreifen, der dann zunächst ebenfalls eindeutig auf Berufsqualifizierung auszurichten ist.

C BERUFSQUALIFIZIERUNG IM TERTIÄREN UND QUARTÄREN BILDUNGSBEREICH

Vor zwei Dingen kann man sich nicht genug in acht nehmen:
Beschränkt man sich in seinem Fache, vor Starrsinn;
tritt man heraus, vor Unzulänglichkeit.

(Johann W. von Goethe)

Berufsqualifizierung im tertiären und quartären Bildungsbereich

Grundlagen für den tertiären und quartieren Bildungsbereich

Wissenschaftsorientierung	Berufsorientierung
Forschung	Aus-, Fort- und Weiterbildung
Wissenschaftsethik	Basiskompetenzen - Schlüsselqualifikationen
Wissenstransfer	Grundlegende Handlungskompetenzen

Kategorien für den tertiären und quartären Bildungsbereich

Personale Ebene	
Lernende in der Berufsqualifizie-rung	Lehrende in der Berufsqualifizierung

Organisatorische Ebene	
- Auswertung	- Finanzielle Ausstattung
- Identifikation	- Modularisierung und Sequenzgedanke
- Internationalisierung	- Einbeziehung von Informationstechnologie
- Natur- und Umweltorien-tierung	(IT)
	- Theorie-Praxis-Verbindungen

Institutionen im tertiären und quartären Bildungsbereich

Fachschulen / Akademien	Fortbildungsinstitutionen
Hochschulen (staatl.)	
Universitäten (staatl.)	Weiterbildungsinstitutionen
Private Hochschulen	

Mit den folgenden Überlegungen wird nach Elternwelt und Schulwelt ein dritter Abschnitt, eine dritte Phase im Leben junger Menschen in den Blick genommen. Die im Gymnasium und den verschiedenen Formen der Berufsbildenden Schulen erworbenen Kenntnisse und Fähigkeiten dienten vor allem der Berufsorientierung. Aufbauend auf dieser ist die Richtung nun gekennzeichnet durch Bausteine für die Berufsvorbereitung im engeren Sinne, d. h. zum einen der Erwerb weiterer beruflicher Qualifikationen nach Abschluss der Berufsbildenden Schulen und zum anderen die Aufnahme eines Studiums nach Erlangung des Abiturs.

Diese *Berufsqualifizierung* im erweiterten Sinn ist heute wie viele Bereiche der Gesellschaft von einer nie da gewesenen Dynamik, ja teils von überzogener Hektik und Veränderungsbemühungen gekennzeichnet. Berufe bzw. Berufsfelder vergehen, bleiben bestehen und entstehen neu. Vor allem die beiden Pole „vergehen" und „neu entstehen" sind bei der Konzipierung der *Berufsqualifizierung* zu berücksichtigen. Diese gesamte Dynamik hat auch zu einer Situation geführt, bei der Erwachsene im Laufe ihres Lebens gegebenenfalls sogar zwei oder mehrere verschiedene Berufe ausüben.

Nun kann man diese Entwicklung hin zur *Veränderungsdynamik* der Berufswelt beklagen; sie ist jedoch Tatsache und es müssen bei der Gestaltung der *Berufsqualifizierung* die richtigen Antworten gefunden werden. Dabei ist zu berücksichtigen, dass es gleichsam eine Intra- und Interveränderungsdynamik gibt.

„*Intra*" bedeutet, dass jedes Berufsfeld in sich bereits von einem starken Wandel betroffen ist. Dies hat vor allem mit der sich ständig verkürzenden Halbwertzeit von Wissen, mit der raschen Zunahme des Wissensbestandes sowie der Internationalisierung und Globalisierung unserer Welt zu tun. Dies heißt, dass selbst bei der Gruppe der „bestehen bleibenden" Berufsfelder Veränderungsdynamik vorliegt und entsprechende Antworten gefunden werden müssen.

„*Inter*" bedeutet, dass im gesamten System der Berufsfelder das Vergehen und Entstehen von Berufsfeldern heute Realität ist. Dabei ist es im tertiären Bildungsbereich für die etablierten Formen oft schwierig vom Inhalt der *Berufsqualifizie-*

rung und dem Zeitrahmen her adäquat zu antworten. Dies ist auch der Grund für zwei genau zu beobachtende *Entwicklungen*:

(1) Es entstehen nach der Berufsbildende Schulen ständig neue – im Regelfall *privatwirtschaftlich* getragene – *Berufsqualifizierungen*, , die gleichsam neben den etablierten Institutionen bestehen und eindeutig unter dem Diktat der zeitlichen und inhaltlichen Effizienz stehen. Firmeneigene Modelle liefern die besten Beispiele in dieser Richtung.

(2) Die Bedeutung des quartären Bildungsbereichs hat sprunghaft zugenommen. Dies ist einmal die notwendige *Fortbildung* bezogen auf das in der Ausbildung erworbene Know-how. *Weiterbildung* ist der andere relevante Begriff, der den Erwerb neuer Qualifikationen (meistens verbunden mit einem Lizensierungsvorgang) kennzeichnet. So folgt heute im Leben vieler Menschen auf die einmal erworbene Ausbildung (im optimalen Fall verbunden mit kontinuierlicher Fortbildung) eine (bzw. mehrere) Phasen der Weiterbildung um den bisherigen Beruf verändern oder einen neuen Beruf ergreifen zu können.

Nun wird dieser oft bestehende Zwang zur Weiterbildung bzw. zur Qualifizierung für einen veränderten bzw. neuen Beruf häufig beklagt und negativ gesehen. Man kann diesem offenbar nicht umkehrbaren bzw. zu stoppenden Trend aber auch sehr viel Positives abgewinnen; dies heißt, Menschen haben die Chance (natürlich auch die Pflicht) etwas Neues zu lernen, andere Erfahrungen zu sammeln und sich in einer veränderten Berufswelt zu bewähren. Kreativität, Einfallsreichtum, Dynamik und Phantasie sind hier gefragt.

Der tertiäre und der quartäre Bildungsbereich ist somit durch Dynamik und Veränderung gekennzeichnet; dies ist wiederum Anstoß für notwendige Überlegungen im Hinblick auf die beiden Fragen: „Was muss bestehen bleiben?" und „Was muss verändert werden?". Antworten darauf werden im Folgenden gegeben um somit einen Beitrag zum Bestehen globaler Herausforderungen aus der Sicht der *Berufsqualifizierung* zu leisten.

1 Grundlagen für den tertiären und quartären Bildungsbereich

Diese Grundlagen können in zwei größeren Bereichen gesehen werden, in denen es im Sinne einer zukünftigen optimalen Gestaltung der gleichsam vierten Phase im Leben des Menschen – nämlich der Berufswelt – um eine möglichst optimale *Berufsqualifizierung* geht.

Zunächst betrifft dies den Bereich der *Wissenschaft*. Er ist grundlegend für die Qualität der *Berufsqualifizierung*, da ihre optimale Gestaltung letztlich von der Leistungsfähigkeit der Wissenschaft abhängt. Letztere kann aus drei verschiedenen Blickwinkeln gesehen werden:

(1) Wissenschaft als *System*, d. h. die Gesamtheit der Personen, Institutionen und Organisationen, die sich mit Wissenschaft befassen.

(2) Wissenschaft als *Tätigkeit* von Personen in diesem System.

(3) Wissenschaft als *Ergebnis* dieser Tätigkeit, die die Praxis im weitesten Sinn positiv gestalten und beeinflussen soll.

Damit ist zum einen wissenschaftliche *Forschung* als systematisches und erkenntnissuchendes Handeln angesprochen. Wissenschaft bedient sich dabei der *Wissenschaftssprache*, die im Sinne eines notwendigen *Wissenstransfers* klar und verständlich sein sollte. Betrachtet man die Kennzeichnung der heutigen Zeit als Wissensgesellschaft, so wird unmittelbar deutlich, welche Verantwortung Wissenschaft hat, vor allem in Hinblick auf die Fragestellungen, die dort bearbeitet werden (Wissenstransfer). Atomforschung, Weltraumforschung und Genforschung sind hochaktuelle Beispiele. Die *Wissenschaftsethik* versucht hier Normen bereitzustellen, die für Wissenschaftler handlungsleitend sein sollten. Der Typ der Evaluations- und Wissenschaftsfolgenforschung, d. h. einer Forschung, die an Erkenntnissen über die Konsequenzen der Anwendung von Forschungsergebnissen interessiert ist, wird zunehmend bedeutsam. So können Wissenschaft und Forschung verantwortungsbewusst gestaltet werden, so dass sie eine sinnvolle Basis für eine optimale *Berufsqualifizierung* sind.

Ferner betrifft dies den Bereich der *Berufsqualifizierung* unmittelbar. Diese ist in drei Dimensionen zu sehen:

(1) *Ausbildung*, d. h. die Erarbeitung der Grundlagen zum Ergreifen eines angestrebten Berufs. Dabei sollte sie sinnvoller Weise mit einer Berufsorientierung (vgl. Berufsbildende Schule und Gymnasium) beginnen, bevor dann ggf. eine erweiterte eigentliche *Berufsqualifizierung* erfolgt.

(2) *Fortbildung*, d. h. eine kontinuierliche Aktualisierung der Kenntnisse und Kompetenzen, die für erfolgreiches berufliches Handeln notwendig sind. Im Zeitalter der Wissensexplosion und der Wissensgesellschaft steht die Notwendigkeit einer verpflichtenden Fortbildung im Bezug auf den ergriffenen Beruf außer Frage.

(3) *Weiterbildung*, d. h. der Erwerb bisher nicht vorhandener Kompetenzen, ggf. für ein im Vergleich zur bislang ausgeführten beruflichen Tätigkeit völlig neuer Bereich. Menschen werden in Zukunft sehr flexibel handeln müssen; dies bedeutet, dass sie ggf. auch für zwei bis drei Arbeitgeber gleichzeitig tätig sein können oder im Laufe des Arbeitslebens mehrere verschiedene Berufe ausüben.

Auf Grund dieser Dynamik der Berufswelt wird es zu dem immer notwendiger neben dem speziellen *Berufswissen* so genannte *Basiskompetenzen* und *Schlüsselqualifikationen* zu erwerben, die bei Veränderungen im Berufsleben in neue Berufsfelder transferierbar sind. Im Abschnitt Berufswelt wird auf diese Aspekte im Einzelnen eingegangen.

So stellt die Berücksichtigung der beiden sehr komplexen Konstrukte *Wissenschaft* und *Berufsqualifizierung* einen Bezugsrahmen dar, anhand dessen Grundlagen für den tertiären und quartären Bildungsbereich analysiert werden können. Dies dient wiederum einem besseren Verständnis der in den Teilen 2 und 3 zu beschreibenden Kategorien und Institutionen bezogen auf den tertiären und quartären Bildungsbereich.

1.1 Wissenschaftsorientierung

Die gegenwärtige Gesellschaft wird häufig als *Wissensgesellschaft* bzw. als von der Wissenschaft beherrschte und durch technologischen Fortschritt gekennzeichnete Gesellschaft angesehen. In der Tat haben die auf wissenschaftlicher Erkenntnis beruhenden Errungenschaften das Leben der Menschen gerade in jüngster Zeit elementar verändert. Diese Veränderung hat zahlreiche positive Seiten (z. B. Gesundheitswesen, Mobilität, Kulturangebot). Man darf jedoch nicht verschweigen, dass wissenschaftliche Bemühungen auch Ergebnisse hervorgebracht haben, deren humane Beherrschung und Handhabung den Menschen bisweilen doch erhebliche Probleme bereitet bzw. nicht gelingt. Um so mehr ist eine Befassung mit dem Phänomen *Wissenschaft* heute auf breiter Ebene notwendig um möglichst viele Menschen dazu zu bringen mit diesem Phänomen adäquat umzugehen. Eine *Definition* mag Orientierung geben:

> „Wissenschaft steht für eine Tätigkeit und auch für das Resultat dieser Tätigkeit, d. h. einer systematischen, von Begründungen ausgehenden wissenschaftlichen Forschung. Wissenschaft wird als Ganzes gesehen, aber auch als Teil, wie z. B. die Sportwissenschaft. Sie kann als sogenannte themenorientierte Wissenschaft interpretiert werden (wie z. B. auch Ernährungswissenschaft, Arbeitswissenschaft). Der andere Typ von Wissenschaft kann im Sinne der klassischen Wissenschaften wie Mathematik, Psychologie oder Geschichte als disziplinorientiert gesehen werden. Die wissenschaftlichen Erkenntnisse der disziplinorientierten Wissenschaften werden bei den themenorientierten Wissenschaften gleichsam gebündelt und integriert. Eine Wissenschaft ist vor allem gekennzeichnet durch ihren Gegenstand, der jeweils ein bestimmtes forschungsmethodologisches Vorgehen erfordert" (Haag, 1994, S. 27).

Um Wissenschaft als *Handlungsbereich von Menschen* zu verdeutlichen, werden die sechs Schritte genannt, die in dem so genannten „*Kieler Modell der Forschungsmethodologie*" (KMFM) enthalten sind (vgl. Haag, 1994, S. 24-25):

(1) *Wissenschaftsphilosophie* (Warum wird ein Thema wissenschaftlich bearbeitet?)

(2) *Forschungsmethoden* (Welches ist das grundsätzliche Vorgehen?)

(3) *Untersuchungsplanung* (Wie ist das genaue schrittweise Vorgehen?)

(4) *Techniken der Datenerhebung* (Wie gewinne ich Erkenntnisse aus vorliegenden Daten?)

(5) *Techniken der Datenauswertung* (Wie erfolgt konsequenterweise die Auswertung der Daten?)

(6) *Wissenstransfer* (Wie werden die wissenschaftlichen Erkenntnisse in die Praxis umgesetzt?)

Diese sechs Punkte geben einen Einblick in einen möglichen Ablauf wissenschaftlichen Arbeitens, dessen Ergebnis dann mehr oder weniger abgesicherte wissenschaftliche Erkenntnisse sind. Dabei kommt es bei den Punkten (1) und (6) vor allem darauf an, den Bezug von Wissenschaft zur Praxis zu verdeutlichen.

Es geht bei dieser Präsentation eines möglichen Wissenschaftsverständnisses darum zu zeigen, dass der Umgang mit Wissenschaft vom einzelnen Wissenschaftler sehr verantwortungsbewusst betrieben werden muss, so dass die Errungenschaften der Wissenschaft nicht zum Fluch, sondern zum Segen der Menschheit werden können. In diesem Kontext werden im Folgenden drei zentrale Begriffe – *Forschung*, *Wissenschaftsethik* und *Wissenstransfer* – noch genauer analysiert.

1.1.1 Forschung

Wissenschaft ist zunächst ein relativ abstrakter Begriff. *Forschung* steht diesem sehr nahe und kennzeichnet vor allem stärker die Tätigkeit des Wissenschaftlers um im System Wissenschaft ein wissenschaftliches Ergebnis hervorzubringen.

„Der Begriff *Forschung* kann als Vorgang, als Produkt oder als System verstanden werden. Vorgang heißt dann, Forschung als Bemühungen, Einsicht in die Welt in verschiedenen Dimensionen durch in forschungslogischer Sequenz ablaufende Prozesse der wissenschaftlichen Erkenntnisgewinnung zu erhalten. Produkt heißt dann Forschung als Summe der Ergebnisse wissenschaftlicher Arbeit. System heißt dann Forschung als Organisation und Institution zur Durchführung wissenschaftlicher Arbeit.

Forschung wird in verschiedenen Varianten gesehen.

Grundlagenforschung: Darunter wird Forschung bezogen auf Elemente, Voraussetzungen, Konzepte für wissenschaftliche Arbeit, d. h. Fragen bzw. Themen grundsätzlicher Natur verstanden.

Angewandte Forschung: Darunter wird Forschung verstanden bezogen auf Fragen und Themen aus der gesellschaftlichen Praxis mit dem Ziel, diese zu verstehen, zu kontrollieren und gegebenenfalls zu verbessern.

Allgemeine und spezielle Forschung: Damit wird ein jeweils unterschiedlicher Grad der Spezialisierung der Fragestellung verstanden, auf die sich Forschung bezieht. Je spezifischer Forschung ist, desto weniger haben die Ergebnisse den Charakter der Allgemeingültigkeit und desto eher kann aber auch in der konkreten Situation durch wissenschaftliche Erkenntnisse geholfen werden (und umgekehrt).

Auftragsforschung: Ideen, Anstöße und auch die Finanzierung der Forschung kommen von Personen, Organisationen oder Institutionen, die ein elementares Interesse an Ergebnissen der initiierten Forschung haben.

Wissenschafts-Folgenforschung (Evaluationsforschung): Diese bezieht sich auf die Umsetzung von wissenschaftlich fundierten Ergebnissen, insbesondere auf die Wirkung der Anwendung von Forschungsergebnissen in der Praxis. Dies ist ein Zweig von Forschung, der zunehmend an Bedeutung gewinnt, um die Praxisrelevanz von Forschung sicherzustellen.

Hochschulforschung – Industrieforschung: Der traditionell klassische Platz der Forschung ist die Hochschule/Universität. Außeruniversitäre Forschung, zum Beispiel Industrieforschung, nimmt jedoch ständig zu. Hier wird die Forschung sehr stark in den Dienst bestimmter Interessen gestellt.

Forschung und Lehre: Konzeption der „klassischen" Universitätsidee Humboldtscher Prägung, bei der sowohl Lehrende (Professoren etc.) als auch Lernende (Studierende) in beiden Dimensionen tätig sind. Konkretisierung soll dazu auf Seiten der Studierenden das so genannte „forschende Lernen" sein. Die konkreten Bedingungen an Hochschulen/Universitäten machen es jedoch zunehmend schwierig, die Konzeption „Forschung und Lehre" adäquat zu verwirklichen" (Haag, 1994, S. 23).

Forschung ist somit in sehr vielen *Varianten* Teil unseres Lebens. Die Öffentlichkeit, d. h. die Bürger, finanzieren sie zum großen Teil über Steuern. Sie profitieren von den Forschungsergebnissen, sollten aber auch – soweit ihnen das möglich ist – aufmerksam verfolgen, was in diesem lebensbestimmenden Bereich geschieht, um Missbrauch und falsche Entwicklungen rechtzeitig zu verhindern.

1.1.2 Wissenschaftsethik

Ethik ist zunächst eine zentrale Teildisziplin der *allgemeinen Philosophie*. Sie entwickelt Theorien zur Beurteilung menschlichen Handelns in den Kategorien „richtig" und „falsch" bzw. „gut" und „böse". Das Eigeninteresse von Individuen, Gruppen, Institutionen oder einer Gesellschaft liefert hier die jeweiligen Maßstäbe. Dabei muss dies jedoch *solidarisch* gehandhabt werden, so dass letztlich die Gesamtheit vor dem Einzelnen Vorrang hat.

Im Bereich der *Ethik* werden noch einzelne *Varianten* unterschieden, anhand derer diese noch anschaulicher erläutert werden kann:

(a) *Gesinnungsethik*: Es wird das tatsächliche Ergebnis von Handlungen beurteilt.

(b) *Erfolgsethik*: Die beabsichtige Wirkung von Handlungen wird eingeschätzt.

(c) *Formale Ethik*: Aufstellung positiver Normen. Bsp. Kant: Kategorischer Imperativ: „Handle so, dass die Maxime deines Willens jederzeit zugleich als Prinzip einer allgemeinen Gesetzgebung gelten könnte".

(d) *Inhaltliche Ethik*: Aufstellung von Normen, die nicht allgemeingültig sind, sondern nur jeweils für einen bestimmten Fall gelten.

Die *Wissenschaftsethik* hat sich auch diesen verschiedenen Dimensionen der Ethik zu stellen und entsprechende Antworten zu finden. Wichtig sind dabei folgende *Gesichtspunkte*:

- Wissenschaft muss sich der Ethik *verpflichtet* fühlen.

- Vor der Einleitung eines Forschungsprozesses ist zu prüfen, ob es aus wissenschaftsethischer Sicht *legitim* ist das anstehende Thema zu erforschen.

- Im wissenschaftlichen Erkenntnisprozess sind die jeweiligen Kreise bzw. Personen von *Beginn* an mit einzubeziehen, die später die *Umsetzung* wissenschaftlicher Erkenntnisse bewerkstelligen.

- Wissenschaft hat eine Verpflichtung, ihre Erkenntnisse mitzuteilen und zwar in einer Form, die in der Breite verständlich ist. *Wissenschaftssprache* muss sich hier ggf. der Alltagssprache annähern.

- Wissenschaft muss auch Sorge dafür tragen, dass wissenschaftliche Erkenntnisse in der Praxis angewandt werden (vgl. 1.1.3):

- Wissenschaft muss schließlich sicherstellen, dass mit Hilfe von *Evaluationsforschung* die Wirkung der Anwendung von Forschungsergebnissen überprüft und bekannt wird. Nur so kann Wissenschaft auch Verantwortung für die Konsequenzen der wissenschaftlichen Forschung übernehmen.

Diese Gesichtspunkte unterstreichen die Bedeutung *wissenschaftsethischer Überlegungen*. Dies ist um so wichtiger, als Wissenschaft gleichsam auch den Rohstoff für die zahlreichen Formen der *Berufsqualifizierung* liefert, wie sie im tertiären und quartären Bildungsbereich erfolgt.

1.1.3 Wissenstransfer

Das Konzept *Wissenstransfer* ist eine entscheidende Größe in dem Bemühen, die gesellschaftliche Macht der *Wissenschaft* verantwortungsbewusst zu positionieren. Genau so wie in der Forschung zu *Beginn* des wissenschaftlichen Erkenntnisprozesses gefragt werden muss, ob es denn legitim und verantwortbar ist, eine gegebene Thematik und Fragestellung wissenschaftlich zu behandeln, so muss auch am *Ende* des Forschungsprozesses durch Sicherstellen von Wissenstransfer verantwortungsbewusst gehandelt werden. Bei diesem wichtigen Vorgang des *Wissenstransfers* sind folgende Gesichtspunkte besonders bedeutsam und zu berücksichtigen:

- Im Regelfall (mit Ausnahme erster grundlegender Forschung) haben bei Bearbeitung der richtigen und legitimen Fragestellungen wissenschaftliche Erkenntnisse *Praxisrelevanz*. Dies kann – differenziert gesehen – in mehr kurz-, mittel- oder langfristiger Weise der Fall sein.
- Entscheidend für das Gelingen der Umsetzung wissenschaftlicher Erkenntnisse in die Praxis ist die rechtzeitige *Einbeziehung* von Personen und Institutionen in den Forschungsprozess, deren Mithilfe für den späteren *Wissenstransfer* unumgänglich ist.
- Der *Wissenstransfer* kann im Regelfall auf *mehreren Schienen* erfolgen: Vorträge, Workshops, verschiedene Formen der Veröffentlichung, Tag der offenen Tür, Anschlussprojekte, flächendeckende Anwendung, Einbringen der Idee in Technologiezentren (Wissenschaftspark) und vor allem auch Einbeziehung in die Lehre im Rahmen berufsqualifizierender Maßnahmen.
- *Wissenstransfer* impliziert auch *Wissenschaftsfolgenforschung* (*Evaluationsforschung*), die sich bemüht herauszufinden, welche Wirkung die Anwendung wissenschaftlicher Erkenntnisse in der Praxis gezeigt hat.

- Das Instrument des *Wissenstransfers* kann zudem wesentlich dazu beitragen, dass die bestehende Kluft zwischen der Welt der Wissenschaft und dem gesellschaftlichen Leben Schritt für Schritt geschlossen wird. Es bestehen oft Informationsdefizite und falsche Vorstellungen, die es zu beheben gilt. Beide Seiten – *Theorie (Wissenschaft)* und *Praxis (Abnehmer von Wissenschaft)* – müssen hier aufeinander zugehen.

Die für den *Wissenstransfer* genannten Gesichtspunkte machen erneut deutlich, wie wichtig *wissenschaftsethische* Aspekte sind um die Forschung als Handlungspotential der Wissenschaft so zu gestalten, dass der gesellschaftlich heute sehr bedeutende Bereich Wissenschaft seiner verantwortungsvollen Aufgabe auch gerecht wird.

Zu Recht wird die gegenwärtige Situation mit Begriffen wie Wissensgesellschaft oder Wissenschaftszeitalter charakterisiert. So ist es auch notwendig, die im Folgenden angesprochene *Berufsorientierung* im Lichte der hier dargelegten *Wissenschaftsorientierung* zu sehen. Wissenschaft und Beruf sind heute mehr denn je als aufeinander bezogen und miteinander verknüpft anzusehen.

1.2 Berufsorientierung

Im Laufe der letzten Jahre hat der Bereich der *Berufsqualifizierung* erhebliche Wandlungen durchlaufen:

- Stärkere *Differenzierung* und *Spezialisierung* der Berufsfelder
- Vergrößerung der *wissenschaftlichen Basis* von Qualifizierungsmaßnahmen
- Anhebung der Anforderungen bezogen auf schulische Abschlüsse für bestimmte Berufsfelder (*Verdrängungswettbewerb*)
- Stärkere *Dynamisierung* und *Flexibilisierung* von berufsqualifizierenden Maßnahmen
- Reaktion auf die Entwicklungen der *Internationalisierung* und *Globalisierung*
- Berufsqualifizierung als *lebenslanger Prozess*

Solche Wandlungen im Auge behaltend wird im folgenden an *drei Grundlagen* mit Bezug zur *Berufsqualifizierung* verdeutlicht, in welche Richtungen vor allem Handlungsbedarf besteht, wenn man die *Berufsqualifizierung* gemäß den Anforderungen der heutigen Zeit entsprechend gestalten will:

(a) *Berufsqualifizierung* als *Aus-, Fort- und Weiterbildung*

(b) Vermittlung von *Basiskompetenzen* im Sinne von Schlüsselqualifikationen für jedes Berufsfeld

(c) Erwerb grundlegender *Handlungskompetenzen* als Voraussetzung zur Erbringung hervorragender beruflicher Leistungen

Die Aussagen, die hier in Richtung *Berufsqualifizierung* getroffen werden, gelten für *Berufsfelder jeglicher Art.* Zum einen verbietet der im Rahmen dieses Buches zur Verfügung stehende Raum ein Eingehen auf einzelne Berufe; zum andern ist jedoch Folgendes entscheidend: Die *Berufsqualifizierung* bedarf heute einer relativ breiten, allgemein akzeptierten und für alle Berufsfelder grundsätzlich gültigen Ausgangslage, v. a. im Bereich formaler und handlungsleitender Kompetenzen. Spezielle Inhalte bezogen auf Berufe ändern sich schnell (vergehen und kommen). Dies heißt, dass mit der Betonung dieser Grundlagen der *Berufsqualifizierung* auch ein konkreter Beitrag zur Dynamisierung und Flexibilisierung der Berufswelt geleistet wird, womit auch ein Wechsel zwischen beruflichen Positionen eher möglich ist.

1.2.1 Aus-, Fort- und Weiterbildung

Eine grundlegende Prämisse im Prozess der *Berufsqualifizierung* lautet, dass dies ein *lebenslanger Prozess* ist und sein muss. Dies ist die Konsequenz der rasanten wirtschaftlich-technologischen Entwicklung in der 2. Hälfte des letzten Jahrhunderts. Die Gesamtheit der Berufsfelder ist durch einen nie gekannten Grad der Ausdifferenzierung, Spezialisierung und auch der Veränderlichkeit gekennzeichnet. Dies hat klare Konsequenzen für die drei Bereiche der *Berufsqualifizierung*, d. h. für *Aus-, Fort- und Weiterbildung.*

(a) *Ausbildung*

Da im Kontext der heutigen gesellschaftlich-wirtschaftlichen Situation so genannte ungelernte Arbeitskräfte kaum noch Verwendung finden, sind zunehmend Berufsausbildungen entwickelt worden, die auf der *Schulwelt* (Klassen 1-12 einschließlich Berufsbildende Schulen) aufbauen. Selbst der Abschluss der Berufsbildenden Schulen mit integrierter Lehre kann zunehmend nur noch als ein erster Berufsabschluss gesehen werden. Die Vielfalt der Ausbildungsangebote zur weiteren *Berufsqualifizierung* ist auf der einen Seite bisweilen kaum überschaubar; auf der anderen Seite eröffnet diese Vielfalt jedoch auch die Chance, dass fast jede Begabung und Interessenlage ihren Weg zu einem Beruf finden kann (Demokratisierung des Berufszugangs), der dann später auch ein erfülltes Leben in der Berufswelt garantiert.

(b) *Fortbildung*

Der starke Anstieg von Berufswissen, die rasche Veränderung dieses Wissensbestandes sowie die enge nationale und internationale Vernetzung von Berufsfeldern machen periodische *Fortbildung* zur *Pflicht*. Die Inhalte und Intervalle der *Fortbildung* hängen von der Art des Berufsfeldes ab. Feststehende Größen – auch im Sinne von *Forderungen* – sind jedoch: Pflicht in Intervallen, Abschluss mit Prüfung, Eintrag in ein ausbildungs- und berufsbegleitendes Portfolio sowie Berücksichtigung von Umfang und Qualität der Fortbildung beim Gehaltsniveau sowie bei Beförderungen im Beruf.

(c) *Weiterbildung*

Die *Dynamisierung der Berufsfelder* (vergehen – bleiben – neu entstehen) machen es in Zukunft nach Ausbildung und ersten Praxiserfahrungen in Bezug auf ein Berufsfeld vermehrt notwendig, sich meist berufsbegleitend Qualifikationen für ein verändertes, manchmal neues und anderes Berufsfeld anzueignen. In diesem Bereich besteht dann erneut die *Pflicht zur Fortbildung*.

Arbeitslosigkeit ist sicher ein ernstes und schwieriges Schicksal. Dennoch kann sie durch einen sinnvollen Umgang und ein optimales Engagement im Dreischritt von *Aus-, Fort- und Weiterbildung* eher vermieden werden (vgl. D 2.1).

1.2.2 Basiskompetenzen – Schlüsselqualifikationen

Die Unterscheidung in *formale* und *materiale Bildung* hat auf Grund der Wissensexplosion und Wissensfluktuation erneut große Bedeutung erlangt.

Inhalte der *materialen Bildung* sind schon lange nicht mehr flächendeckend und enzyklopädisch zu vermitteln. Die Anwendung des *Prinzips des Exemplarischen* ist hier eine adäquate Antwort auf diese Entwicklung.

So kommen Aspekte der *formalen Bildung* erneut stärker ins Gespräch. Hier handelt es sich um Fähigkeiten, die stärker auf der Darstellungs- und Vermittlungsebene liegen; man kann in diesem Bereich viel durch entsprechendes Verhaltenstraining erreichen. Auch sind diese formalen Qualifikationen relativ leicht von einer beruflichen Situation in eine andere transferierbar.

Folgende *Basiskompetenzen* bzw. *Schlüsselqualifikationen* sind somit im Sinne einer formalen Bildung einzufordern um *Berufsqualifizierung* aus dieser Sicht heraus optimal zu gestalten:

- Gespür für situationsadäquate *Kleidung*, wobei sowohl „Overdressing" als auch „Underdressing" zu vermeiden sind um auch der „Kleiderlage" des Milieus für Auftreten und Gespräche zu entsprechen.

- Einhalten von *Verhaltensregeln* beim Kontakt mit Einzelpersonen und Gruppen verschiedener Größe. Dieser Verhaltensbereich ist besonders wichtig, da viele berufliche Situationen – trotz Möglichkeiten der virtuellen IT-Welt – nach wie vor aus Kontakt von Menschen untereinander bestehen werden.

- Optimale *Sprachkompetenz* in Schrift sowie vor allem in Wort. Was nützt das beste Berufswissen, wenn der Vermittlungsprozess nicht klappt. Rhetorik-, Diskussions- und Gesprächstraining helfen beim Erwerb dieser Basiskompetenz.

- Sprachkompetenz ist heute auch in der weltweiten Kommunikationssprache *Englisch* notwendig. Je früher (Vorschule bzw. Grundschule) diese entwickelt wird, desto leichter fällt dann auch die Beherrschung der Fremdsprache, die für den jeweiligen Beruf notwendig ist.

- Gekonnter Umgang mit *IT-Möglichkeiten* ist heutzutage unumgänglich für jedes Berufsfeld, unabhängig davon, dass es spezielle IT-Berufsfelder gibt. Dies schließt auch Kompetenz im Umgang mit *Zahlen* ein.

Die Reihe dieser *Basiskompetenzen* und *Schlüsselqualifikationen* zeigt, dass hier sehr pragmatische, teils eigentlich selbstverständliche Forderungen erhoben werden. Aber der *Niedergang* im Bereich dieser Erwartungen ist doch erschreckend groß, wenn man Kleidung, Benehmen und Sprachverhalten mancher junger Menschen beobachtet. Leider bekommen sie bisweilen von der Erwachsenenwelt auch keine besseren Beispiele gezeigt, an denen sie sich orientieren könnten. Also müssten in dieser Hinsicht auch im Verhalten der Erwachsenen Korrekturen vorgenommen werden.

1.2.3 Grundlegende Handlungskompetenzen

Lässt man die Anforderungen Revue passieren, die in vielen Berufsfeldern tagein, tagaus gestellt werden, so kristallisieren sich sehr eindeutige grundlegende *Handlungskompetenzen* heraus, deren Erwerb heutzutage zu jeder anspruchsvollen *Berufsqualifizierung* gehört. Fünf solcher grundlegenden *Handlungskompetenzen* werden im Folgenden erläutert, die heute als unentbehrlich in der Berufsqualifizierung angesehen werden müssen.

- *Historische Handlungskompetenz*

Der Implikationszusammenhang „Vergangenheit kennen – Gegenwart verstehen – Zukunft gestalten" ist wohl unstrittig; alles, was uns heute bewegt und beschäftigt, hat seine Geschichte. Historisch und in Entwicklungen zu denken hilft dabei; selbst die Zukunftsgestaltung kann auf der Grundlage historischer Bewusstseinsbildung besser gelingen.

- *Philosophische Handlungskompetenz*

Verhalten und Handeln des Menschen sind implizit oder explizit immer normgeleitet (Sinnfrage). Zentrale Aufgabe der Philosophie ist es, nach Sinn, Wesen und

Bedeutung von Sachverhalten zu fragen, kurzum nach dem „Warum der Dinge".

Der Erwerb philosophischer Handlungskompetenz erlaubt es Entscheidungen im Beruf (und im Privatleben) an wohlüberlegten Werten und Normen auszurichten. Diese möglichst im gesellschaftlichen Konsens erfolgende normative Orientierung ist notwendig für qualitativ hochwertiges und fundiertes berufliches Handeln.

- *Sozio-kulturell vergleichende Handlungskompetenz*

Internationalisierung und Globalisierung der Welt erfordern es unbedingt, dass vor allem das Handeln im Beruf eingebettet ist in die Fähigkeit zur fairen Einschätzung von Verschiedenheit – Ähnlichkeit – Gleichheit von Verhältnissen bzw. Situationen mit Bezug zum eigenen Berufsbereich in seiner internationalen Bedeutung (vgl. C 2.2.3).

- *Wirtschaftliche Handlungskompetenz*

Im beruflichen Qualifikationsprozess ist es zudem wichtig die wirtschaftlichen Implikationen für berufliches Handeln kennen zu lernen. Wirtschaft (Kommerzialisierung) ist die moderne Ideologie (Macht) auf dieser Welt. Um nicht Opfer wirtschaftlich induzierter Ideologisierung bzw. Instrumentalisierung zu werden muss man ethisch fundierte wirtschaftliche Handlungskompetenz erwerben.

- *Politische Handlungskompetenz*

Berufs- und Privatleben sind eingebettet in politische Zusammenhänge. Diese gilt es zu erkennen; es ist jedoch vor allem wichtig die Handlungsspielräume zu erfassen, die ein sozialer und freiheitlicher Rechtsstaat bietet. So wird Politik nicht zum lästigen Bestimmungsfaktor, sondern zur Chance, die in unserem politischen System dankenswerter Weise vorhandenen Gestaltungsmöglichkeiten zu nutzen.

Besitzen Menschen diese fünf *Handlungskompetenzen,* so kann dies Garant für eine ansprechende berufliche Leistung sein. Somit ist der Erwerb dieser fünf *Handlungskompetenzen* eine Herausforderung für eine hochstehende *Berufsqualifizierung.*

2 Kategorien für den tertiären und quartären Bildungsbereich

Die im Folgenden zu analysierenden Kategorien betreffen nach Elternwelt und Schulwelt die dritte Phase im Leben junger Menschen, d. h. die *Berufsqualifizierung*. Diese Prämisse der übergreifenden Gültigkeit von Kategorien für den tertiären und quartären Bildungsbereich soll gleichzeitig andeuten, dass die bislang häufig zu beobachtende Hierarchisierung von Wegen zur *Berufsqualifizierung* – wie z. B. Hochschule / Fachhochschule / Berufsakademie / Berufsfachschule – falsch ist und dringend überwunden werden muss. Eine Gesellschaft kann im Hinblick auf den Sektor Arbeit nicht allein von so genannten „Vollakademikern" leben, da nicht alle Menschen für ein Hochschulstudium die erforderlichen Anlagen, Interessen und Fähigkeiten haben. Auf der anderen Seite gibt es einen hohen Bedarf an Arbeitnehmern mit einer eher praxisorientierten Ausbildung. Falsche Hierarchisierung auf der einen und übertriebene Gleichmacherei auf der anderen Seite sind eine Sackgasse bezogen auf die homogene Entwicklung einer Gesellschaft.

Die im Folgenden analysierten Kategorien erheben keinen Anspruch auf Vollständigkeit. Die Auswahl erfolgt punktuell, vor allem auch unter Berücksichtigung ihrer Aktualität und Bedeutung für einen dringend notwendigen Reformprozess im tertiären und quartären Bildungsbereich.

Zunächst beziehen sich Kategorien auf die an Aus-, Fort- und Weiterbildung beteiligten *Personengruppen*. Die *Lehrenden* sind nach den unterschiedlichen Institutionen differenziert zu betrachten, wobei es auch übergreifende Merkmale festzuhalten gilt.

Bei den als *Lernende* betroffenen jungen Menschen gelten für die Personen (Fachschulen/Akademien), die sich im bereits erlernten Beruf noch höher qualifizieren und die Studierenden (Hochschulen (staatlich)/ Universitäten (staatlich) /Private Hochschulen) jeweils gesondert zu beschreibende Merkmale.

Gerade bei den an der *Berufsqualifizierung* beteiligten Personen (Lehrende– Lernende) sind die Grundlagen besonders zu berücksichtigen, wie sie im Folgenden (vgl. 2.1) dargestellt werden, da sie für die Bewusstseinslage der betroffenen Menschen wichtig sind.

Ferner geht es um *Kategorien*, die stärker mit der *Organisation* des tertiären und quartären Bildungsbereichs zu tun haben. Es kommen in diesem Kontext folgende *Kategorien* zur Behandlung:

Auswertung; Identifikation; Internationalisierung; Natur- und Umweltorientierung; finanzielle Ausstattung; Modularisierung; Einbeziehung von Informationstechnologie (IT); Theorie-Praxis-Verbindungen.

Dabei ist zu berücksichtigen, dass Ideen, Konzepte und Vorschläge noch so gut und einleuchtend sein können; wird nicht eine adäquate Form der *Organisation*, der Umsetzung und der Realisierung durch engagierte *Personen* gefunden, dann bleiben Ideen, Konzepte und Vorschläge im Raum stehen, werden nicht verwirklicht und zeigen keine Wirkung.

Damit ist für die Situation in Deutschland ein großes Problem angesprochen. Im Sinn einer groben Einschätzung kann man nämlich feststellen, dass bezogen auf den Ziel- und Inhaltsanspruch Erziehung und Bildung in Deutschland durchaus anspruchsvoll und positiv zu sehen sind. Woran es aber meistens fehlt, sind optimale Strategien der Verwirklichung, der Umsetzung und der Anwendung in der Praxis. Insofern ist es um so notwendiger, dass vor allem auf der Ebene der Organisation dringend Neuland betreten wird um insbesondere weltweit gesehen nicht weiter ins Hintertreffen zu geraten und um sich (auch im internationalen Vergleich) als Land mit langer sowie guter Erziehungs- und Bildungstradition nicht weiter unter Wert zu verkaufen.

2.1 Personale Ebene

Die Güte und Wirksamkeit der *Berufsqualifizierung* hängt zum großen Teil vom Verhalten und Handeln der Personen ab, die an den Lehr- und Lernprozessen im

Rahmen der *Berufsqualifizierung* unmittelbar beteiligt sind, d. h. die *Lernenden* und die *Lehrenden*.

Im Zeitalter der Hochtechnologie, der Virtualisierung unserer Welt und der Automatisierung rücken Personen, personale Bezüge zwischen den Akteuren sowie emotionale Bestimmungsvariablen gern in den Hintergrund.

Im Folgenden wird deshalb ein Plädoyer gleichsam für die „Wiederentdeckung" der *Personen* abgegeben, sprich der Menschen mit all ihren positiven und negativen Zügen. Dies erfolgt deshalb, weil es höchste Zeit ist, den Götzen *Technik* und *virtuelle Welt* zumindest im Blick auf eine optimale Gestaltung der *Berufsqualifizierung* ein „Humanum" entgegenzusetzen.

Zu berücksichtigen ist auch, dass der *„money-driven"*-Charakter vieler Bereiche unseres Lebens die *Berufsqualifizierung* auf der einen Seite zur Ware macht, die man sich mit viel Geld – oft ohne dafür entsprechend wertvolle *Berufsqualifizierung* zu erhalten – erkaufen kann. Dies sind dann ggf. reine *Fernlehrangebote* bzw. *Fernstudien*, die man wie in einem Warenhaus als „package" kauft, nach dem Motto „Wer schnell ist, gewinnt – nicht wer gut ist".

Auf der anderen Seite gibt es auch zahlreiche Angebote zur *Berufsqualifizierung*, die zwar teuer sind, jedoch auf Grund ihrer hohen Qualität dann auch Grundlage für den Erwerb einer entsprechenden beruflichen Stellung bilden.

Wenn hier ein Plädoyer dafür abgegeben wird, die in den an der *Berufsqualifizierung* beteiligten Personen angelegten Kräfte in den Lehr- und Lernprozessen stärker zu mobilisieren, so heißt dies nicht, dass die Möglichkeiten der Informationstechnologie im weitesten Sinn unterschätzt werden. Beide Linien - *Personenbezug* und *IT-Möglichkeiten* – sind zu integrieren. Dies heißt, *Berufsqualifizierungen* können in Zukunft sicher am besten als *Kombination* von *Fernstudien* und *Präsenzarbeit* (mit Lehrenden und Lernenden) organisiert werden. Dabei müssen die Personen auch in Fernstudien in ihrer Bedeutung gesehen werden, da letztlich die Leistung von Lehrenden und Lernenden entscheidend ist für die Güte der *Berufsqualifizierung*.

2.1.1 Lernende in der Berufsqualifizierung

Die Personen, die im tertiären und quartären Bildungsbereich als *Lernende* auftreten, haben im Rahmen der Schulbildung fast alle einen Schulabschluss mit Ende der Schulpflicht (Sekundarstufe I) erhalten. Die Mehrzahl junger Menschen besitzt heute darüber hinaus einen Abschluss auf der Ebene der *Sekundarstufe II*, sei es in der Erlangung der *Studierfähigkeit* (*Abitur*) oder mit einem Abschluss im *Berufsbildenden Schulwesen.*

Die *Institutionen*, die heute nach der Sekundarstufe II *Berufsqualifizierung* anbieten, sind sehr vielfältig, wie z. B. Fachschulen/Akademien, Hochschulen (staatlich), Universitäten (staatlich) und Private Hochschulen. Auf diese Institutionen wird im Teil 3 noch näher eingegangen.

Für die Lernenden in der *Berufsqualifizierung* ergeben sich aus finanzieller Sicht *zwei* unterschiedliche *Situationen*: es muss für die Aus-, Fort- und Weiterbildung bezahlt werden oder nicht. Speziell für den wichtigen Schritt der Ausbildung gelten heutzutage bezogen auf die Finanzierung zwei Modelle (vgl. Tabelle 5):

(a)   Lernende in der *Berufsqualifizierung mit* Entrichtung von *Gebühren*

(b)   Lernende in der *Berufsqualifizierung ohne* Entrichtung von *Gebühren*

Tabelle 5: Merkmale der Lernenden in Abhängigkeit von Gebührenentrichtung

(a) mit Gebühren	(b) ohne Gebühren
Finanzieller Einsatz	Begrenzter finanzieller Einsatz
Stärkere Motivation	Oft wenig Motivation und Engagement
Bewerbung um Stipendien	Einkommensabhängiges staatliches Ausbildungsgeld (Bafög)
Straffere und kürzere Ausbildungsdauer	Regelstudienzeiten/Langzeitstudien
Freier Zugang zum Markt „Berufsqualifizierung"	Staatlich reglementierte und durchgeführte Verteilung von Ausbildungsplätzen (ZVS, Länder-NC)
Forderung nach Qualität der Lehre	Eher wertneutrales Verhalten, da keine direkte Investition
Stärkere Variation des Angebots (Reaktion auf Bedarf)	Wenig Flexibilität im schwerfälligen und vom Staat kontrollierten System

Die *Gegenüberstellung* zeigt, wenn auch stark vereinfacht, dass die meisten Vorteile auf Seiten der *Berufsqualifizierung* mit Entrichtung von Gebühren (a) liegen. Hier ist lediglich darauf zu achten, dass die Institutionen und Organisationen, die sich auf dem Markt der *Berufsqualifizierung* privatwirtschaftlich engagieren (vgl. (b)) nicht völlig ohne Kontrolle inhaltlicher und finanzieller Art bleiben und somit ggf. das reine Profitdenken die Oberhand behält. Es darf hier auch zu keiner Verwässerung von Aufnahmekriterien und Prüfungen in der *Berufsqualifizierung* kommen, nur um von möglichst vielen Personen Gebühren zu kassieren. Unabhängige *Akkreditierungsgremien* müssen hier sowohl die inhaltliche Qualität sichern als auch das Preis-Leistungs-Verhältnis kontrollieren.

Im Kontext des bisher Gesagten wird im folgenden ein *Modell* sowie eine detaillierte *Begründung* dafür geliefert, dass staatliche Institutionen im Bereich der *Berufsqualifizierung* Gebühren erheben sollten, die übrigens ohnehin nie ganz kostendeckend sind und sein können. Dies bedeutet, dass die oft emotional aufgeladene Diskussion um Studiengebühren nicht nur unter finanziellen Gesichtspunkten gesehen werden darf.

Modell zur Entrichtung von Gebühren für die Berufsqualifizierung:
Bezahlung pro Studieneinheit und Semester (z. B. pro Semesterwochenstunde (Präsenz oder Fernstudium) etwa 25 bis 50 €, d. h. pro Semester 250 bis 500 €). Jeder Studierende kann dabei ohne Bezug zum Einkommen der Eltern im Sinne einer eigenen Entscheidung ein zinsloses Darlehen zur Finanzierung der Ausbildung aufnehmen. Die Darlehensfinanzierung erfolgt durch eine Stiftung, die einmalig installiert wird und sich dann aus den Rückzahlungen trägt. Die Rückzahlung des Darlehens erfolgt in einem gestreckten Stufenplan nach Abschluss der *Berufsqualifizierung* und Eintritt in die Berufswelt.

Die Begründung für dieses Modell lautet:

- *Motivationsanreiz* zur Entwicklung von Eigeninteresse zum Erwerb einer guten Berufsbildung.

- Stärkere *Identifikation* mit der für die *Berufsqualifizierung* verantwortlichen Institution durch Teilhabe am Produktivkapital und somit auch sorgfältigerer Umgang mit Gebäuden und Inventar.

- Formulierung von klaren *Erwartungen an die Lehrenden*, da ein finanzieller Einsatz der Lernenden erfolgt. Konsequenzen sind: Verbesserte Lehre; pünktliche Korrektur von Klausuren und Hausarbeiten; raschere Erstellung von Gutachten; verbessertes Zeitmanagement zum Vorteil von Lehrenden und Lernenden.

- Mehr *Gerechtigkeit* im Sinne des *Steueraufkommens*. Es macht doch wenig Sinn, dass die Allgemeinheit, d. h. zum Beispiel auch Eltern, deren Kinder die *Berufsqualifizierung* in einem Studium nicht in Anspruch nehmen, dies mit ihren Steuern finanzieren. Das Verursacherprinzip muss hier Gültigkeit bekommen. Wer Kosten verursacht, muss zumindest zum Teil auch dafür aufkommen.

- Verstärktes Angebot an *Stipendien* eröffnet zusätzliche Möglichkeiten den Lernenden mit entsprechender Leistungsmotivation eine finanzielle Absicherung zu gewährleisten.

- Gebühren schaffen auch *international* mehr Gerechtigkeit. Es macht ja wiederum wenig Sinn, dass Kinder deutscher Eltern bei Auslandsstudien hohe Gebühren bezahlen und umgekehrt Kinder aus diesen Ländern in Deutschland frei studieren. Dieser Vorschlag hat nichts zu tun mit einer Front gegen Ausländer. Ganz im Gegenteil, für Studierende aus Ländern, in denen die Geldwertrelation Gebühren gar nicht zulässt, muss es natürlich Unterstützung bzw. Stipendien geben. Fairness im Gebührenzahlungsmodus fördert sogar internationale Solidarität und Kooperation, da eine gerechte Ausgangsbasis vorliegt.

- Die heute flächendeckend vorhandene *Unterfinanzierung der staatlichen Hochschulen* bei gleichzeitiger Bewältigung von Überlast bezogen auf die Anzahl der Studierenden pro Lehrperson hat zu unzumutbaren Zuständen geführt, die eine adäquate *Berufsqualifizierung* im staatlich (unter-) finanzierten Bereich nur noch begrenzt ermöglichen. Das durch Gebühren eingespielte Finanzvolumen sollte deshalb den jeweiligen Institutionen direkt zu Gute kommen, so dass diese ohne Reglementierung durch die staatliche Bürokratie wieder verstärkt innovatives Handeln in der *Berufsqualifizierung* zeigen können.

Diese Argumente reichen, um ein eindeutiges *Plädoyer für Studiengebühren* abzugeben. Erfahrung – vor allem gewonnen an Modellen im Ausland – zeigt, dass gebührenbasierte *Berufsqualifizierung* viele von der Hochschuldidaktik und von Studienreformkommissionen immer wieder aufgezeigte Probleme gar nicht erst entstehen lassen bzw. dass diese sich von allein lösen.

Zugegebenermaßen orientieren sich die Ausführungen zu Lernenden in der *Berufs-qualifizierung* in diesem Teil sehr stark an der *Gebührenfrage*. Da sie jedoch in umfassender Weise für die Art und Güte der *Berufsqualifizierung* verantwortlich ist, wurde dieser über Finanzfragen hinausreichende Argumentationszusammenhang genauer dargestellt. Andere die Lernenden betreffende Aspekte werden im Abschnitt 2.2 und im Teil 3 dieses Kapitels angesprochen.

Zu überlegen wäre auch ein Vorschlag, der unter Maßgabe der Abschaffung der Bafög-Regelung für alle Studierenden ein staatlich finanziertes Gehalt vorsieht. Dieser Vorschlag wäre allerdings an die Bedingung geknüpft, dass durch Leistungsprüfungen eindeutig festgestellt wird, welche jungen Menschen sich für ein Studium eignen. Wenn mit Ausnahme einer entsprechenden Urlaubszeit durchgehend studiert werden würde, hätte das die Konsequenz, das die Studienzeiten bei diesem Vorschlag drastisch reduziert werden können, da die Studierenden nicht mehr auf Arbeit neben dem Studium angewiesen sind.

2.1.2 Lehrende in der Berufsqualifizierung

Die Personen, die im tertiären und quartären Bildungsbereich als *Lehrende* arbeiten, haben unterschiedliche Examina, Berufserfahrung und Aufgaben. Von daher ist es schwierig allgemeingültige Aussagen zu den Lehrenden zu machen. Dies hängt auch damit zusammen, dass die Institutionen, in denen Lehrende tätig sind, eine große Vielfalt aufweisen, wie sich bei ihrer Darstellung im Teil 3 noch näher zeigen wird.

Im Rahmen dieses Abschnitts kann im Grunde genommen dasselbe Einteilungsprinzip zu Grunde gelegt wie bei den Ausführungen zu den Lernenden:

(a) Lehrende in Institutionen, die *Gebühren erheben* (*privat*).

(b) Lehrende in Institutionen, die keine *Gebühren erheben* (*staatlich*).

Im Folgenden werden zunächst einige *Gesichtspunkte* formuliert, die als *Forderung* an jede Person gestellt werden, die in der *Berufsqualifizierung* tätig ist:

- *Mehrperspektivisches Qualifizierungsmodell* für Lehrende: Fachliches Wissen, didaktische Fähigkeiten, im Regelfall Forschungsleistung, Fähigkeit in Verwaltung und Management, internationaler Bezug, Vertrautheit mit Informationstechnologie (vgl. 1.1.2 Basiskompetenzen – Schlüsselqualifikationen; vg. 1.1.3 Grundlegende Handlungskompetenzen).

- Für die Auswahl von Lehrenden bei der Besetzung von Stellen wird ein Vorschlag für einen mehrdimensionalen *Vorstellungsablauf* gemacht: Vortrag mit Diskussion, Seminar, Praxisübung und Gespräch mit der Auswahlkommission.

- In Zukunft sollten keine Beamten- oder unkündbare Angestelltenverträge, sondern *Zeitverträge*, z. B. 5 Jahre abgeschlossen werden. Gegebenenfalls ist auch eine Stufung der Vertragsdauer denkbar (z. B. 2, 4, 8, 16 Jahre).

- Eine externe Auswahlkommission entscheidet über *Vertragsverlängerung* (ein Vertreter aus der Institution der zu beurteilenden Lehrperson, ansonsten externe Fachleute).

- Die *Bezahlung* erfolgt *mit Leistungsorientierung*. Dies bedeutet, ein am Umfang der durchlaufenen Aus-, Fort- und Weiterbildung mit entsprechenden Examina sowie am Alter orientiertes Grundgehalt und Leistungszulagen, die sich auf Aspekte des dargestellten, mehrperspektivischen Qualifizierungsmodells beziehen. Die Leistungszulagen sind von einer externen Kommission zu bestimmen, die sich dabei auf ein *Portfolio* stützen kann, das alle Lehrenden kontinuierlich zu führen haben.

- Die Höhe der Abdeckung der Risiken mit Bezug zu Arbeitsunfall, Krankheit, Berufsunfähigkeit und Altersvorsorge entscheidet der einzelne Lehrende jeweils für sich selbst und trägt auch die finanziellen Konsequenzen. Diese Selbstverpflichtung ist bei der Gehaltsbemessung (Grundgehalt) mit einem bestimmten Prozentsatz zu Gunsten des Lehrenden zu berücksichtigen.

- Periodische *Pflichtfortbildung* ist vorzusehen, die zunächst selbst finanziert wird, sich jedoch dann in entsprechenden Leistungszulagen gleichsam refinanziert.

Die Realisierung dieser geforderten Gesichtspunkte für Lehrende im Rahmen der *Berufsqualifizierung* sieht für private Institutionen sicher zum Teil anders aus als für staatliche Institutionen. Die hier gemachten Vorschläge bedeuten für die private Seite ggf. einen leichten „Regen", für die staatliche Seite eher ein „Gewitter". Doch Gewitter müssen sein; vor allem wird den vom Steuerzahler finanzierten staatlichen Hochschulen und Universitäten so die Chance gegeben sich in einem durch Veränderung der Stellung und Situation der Lehrenden gewandelten System aus der teils durch Bürokratie, Regularien, Gleichmacherei und Anreizarmut gelähmten und mittelmäßigen Lage zu befreien.

Sehen die Vorschläge zu den Lehrenden zunächst vielleicht sogar utopisch aus, so beruhen sie (übrigens ähnlich wie beim Aspekt der Gebühren auf Seiten der Lernenden) auf der nachweisbaren anthropologischen Grunderfahrung, dass Menschen etwas leisten wollen. Man muss ihnen nur auch das entsprechende System zur Verfügung stellen. Ist die Verträglichkeit des Systems mit Exzellenz, d. h. sehr guter Berufsleistung und internationaler Wettbewerbsfähigkeit, nicht gegeben, ist ein Verbleiben von Erziehung und Bildung im bürokratisch verwalteten Mittelmaß (nicht ganz schlecht, aber auch nicht ausgezeichnet) unausweichlich. Dieses Mittelmaß sollte sich Deutschland mit wahrlich hervorragender Tradition in Schulen und Hochschulen nicht länger leisten. Dies ist heute um so mehr zu fordern, da Deutschland sonst Gefahr läuft, auch international den Herausforderungen nicht gewachsen zu sein. Unserer Jugend würden im Falle des Verharrens im Mittelmaß die Möglichkeit einer – im Vergleich zu heute – weitaus besseren *Berufsqualifikation* sehr zum Schaden der nächsten Generationen vorenthalten werden.

2.2 Organisatorische Ebene

Neben der personalen Ebene hängt der Grad der Güte der jeweiligen *Berufsqualifizierung* ganz entscheidend von den *organisatorischen* – im weitesten Sinne soziokulturellen – Voraussetzungen ab. Dabei lassen sich *zwei* Typen von *Kategorien* unterscheiden:

(a) Auf der einen Seite geht es dabei um Konstrukte, die im Sinne ihrer Akzeptanz einer gewissen *Bewusstseinslage* und *Einstellung* bedürfen. Nur wenn diese vorhanden ist, lassen sich auch die entsprechenden organisatorischen Konsequenzen ziehen.

Von der Berücksichtigung dieser Konstrukte kann man bedeutende Innovationsschübe erwarten, was die Verbesserung der verschiedenen Formen der *Berufsqualifizierung* anbelangt. Auch werden damit Wege beschritten um aus deutscher Sicht den Anschluss an die internationale Entwicklung der *Berufs-qualifizierung* nicht zu verpassen.

In diesem Kontext werden die folgenden vier *Aspekte* analysiert und behandelt: *Auswertung*; *Identifikation*; *Internationalisierung*; *Natur* und *Umwelt-orientierung* (vgl. 2.2.1 bis 2.2.4).

(b) Auf der anderen Seite geht es bei der Analyse der organisatorischen Ebene der *Berufsqualifizierung* um sehr konkrete Forderungen, wie die *finanzielle* sowie *choreographische Basis* der *Berufsqualifizierung* verbessert werden kann.

In diesem Zusammenhang muss nochmals darauf hingewiesen werden, dass eine gewisse Tragik der Situation in Deutschland darin zu liegen scheint, dass Bildung und Erziehung einerseits ein relativ hohes inhaltliches Niveau aufweisen, man verspielt andererseits aber viele positive Wirkungen, weil – vor allem im Hochschul- und Universitätsbereich – völlig unzureichende Modelle vorherrschen, was die Organisation und Choreographie der konkreten Angebote der *Berufsqualifizierung* anbelangt.

In diesem Kontext werden die folgenden vier *Aspekte* analysiert und behandelt: *Finanzielle Ausstattung*; *Modularisierung und Sequenzgedanke*; *Einbeziehung von Informationstechnologie (IT); Theorie-Praxis-Verbindungen* (vgl. 2.2.5 bis 2.2.8).

2.2.1 Auswertung

Der auch für Auswertung verwendete Begriff der *Evaluation* stammt aus dem Lateinischen und kann im Sinne der Verwirklichung vor allem im angelsächsischen Bereich auf eine lange Tradition zurückblicken. *Evaluation* ist der Vorgang der Bewertung, Beurteilung oder Entscheidung, der sich auf verschiedene Aspekte des Bildungswesens beziehen kann. Bezugspunkte können dabei *Voraussetzungen* (Inputevaluation), *Prozesse* (Prozessevaluation) und *Ergebnisse* (Outputevaluation) sein. Im Rahmen der *Evaluation* kann eine Modellvorstellung – genannt *APRA* –

hilfreich sein, die sich zudem grundsätzlich als Leitlinie für die Strukturierung von Handlungsabläufen anbietet:

A = *Auswertung von Voraussetzungen* (personal und sozio-kulturell)

P = *Planung* (z. B. Ziel, Inhalt und Methode des Vorgehens)

R = *Realisierung* (Phase des konkreten Handlungsablaufs)

A = *Auswertung* von Ergebnissen (Abgleich der Ergebnisse mit den gesetzten Zielen)

Diese Modellvorstellung ist sehr stark evaluations- (auswertungs-) orientiert. Mit ihrer Hilfe kann der Stellenwert der *Evaluation* verdeutlicht werden. Folgende *Vorschläge* bzw. *Forderungen* werden in Bezug auf die Einbindung von *Evaluation* in Formen der *Berufsqualifizierungen* aufgestellt:

- Akzeptanz von *Evaluation* als selbstverständlichen Schritt in der Handlungskette *APRA*. Dies bezieht sich auf jede Lehr- und Lerneinheit mit *Kriterien-Evaluation* (z. B. + oder -) sowie *Norm-Evaluation* (z. B. Note).

- Betonung einer zweifachen *Begründungskette* für die Einbeziehung von *Evaluation* im Rahmen der Berufsqualifizierung: *Rückmeldung* für die eigene Person und *Information* an das Umfeld.

- *Inputevaluation*: Diese besagt, dass Institutionen der *Berufsqualifizierung* die Lernenden selbst auswählen und zwar unter Verwendung von Mehrfachstrategien der *Evaluation* (Test, Interview, Gespräch, schriftliche Verlautbarungen). Dies ist Grundvoraussetzung dafür, dass Lernende motiviert sind und sich mit der Institution, die die Bewerber ausgewählt hat und diese auch will, stärker identifizieren.

- Führen eines *Portfolios*, in das in strukturierter und geordneter Form erbrachte Leistungen (ohne Bewertung) – im Sinne von Leistungsfeststellung – in entsprechenden Intervallen eingetragen werden (Assessment-Konzeption).

- *Outputevaluation* am Ende der *Berufsqualifizierung* unter Einbeziehung von ausbildungsbegleitenden Leistungsfeststellungen und Ergebnissen multipel (schriftlich-mündlich) angelegter Abschlussprüfungen.

- Verwendung von Portfolio-Daten, wenn es darum geht, eine Basis für *Beförderungen* im späteren Beruf zu erhalten (Gehalt und/oder Stellung).

Wurde der Gedanke der *Evaluation* im deutschen Bildungs- und Erziehungssystem bislang vernachlässigt, so ist gegenwärtig vor unsachlicher und auf Effekthascherei beruhender *Evaluation* zu warnen (vgl. Universitäts-Ranking veröffentlicht in verschiedenen Wochenzeitungen). Die hier gemachten Vorschläge können hingegen bei ihrer Verwirklichung Garant sein für eine sachrationale Einbeziehung von *Evaluation* in den Ablauf von *Berufsqualifizierungen* zur Steigerung der Qualität der Berufsbildung.

2.2.2 Identifikation

Identifikation kann in *drei Richtungen* verstanden werden: Einordnung eines Wahrnehmungsinhalts in ein Bezugssystem; Feststellung relativer Gleichheit; Gleichsetzung der eigenen Person mit anderen.

Der schon verschiedentlich im Rahmen dieser Analyse angesprochene Aspekt der *Identifikation* wird im Folgenden nochmals speziell thematisiert, da dessen Realisierung im System der *Berufsqualifizierung* (aber auch in der Elternwelt, Schulbildung und Berufswelt) sehr große Bedeutung beizumessen ist. Man kann mit ziemlich großer Sicherheit sogar davon ausgehen, dass zahlreiche Probleme von Jugendlichen in Deutschland heute damit zusammenhängen, dass *Identifikationsinstanzen* (z. B. Eltern, Kirchen) oft nicht mehr vorhanden sind oder nicht akzeptiert werden bzw. werden können; das heißt, neue Identifikationsinstanzen sind bisweilen die falschen oder sie fehlen gänzlich, so dass gar keine *Identifikation* stattfindet.

Es werden im Folgenden *Anregungen* (auch als *Forderungen* zu verstehen) im Hinblick auf *Identifikation* formuliert, die einen Schlüssel darstellen zur Sicherung qualitativ hochstehender *Berufsqualifizierungen*:

- Es ist ein enger Zusammenhang zu sehen zwischen intrinsischer (innerer) *Motivation* für eine Sache und dem Grad der *Identifikation* einer Person mit der Institution bzw. Organisation, die diese Sache vertritt.

- *Vereine* oder *Gesellschaften* sind verstärkt zu gründen (z. B. Verein der Ehemaligen – Alumni), bei denen schon im Prozess der *Berufsqualifizierung* und natürlich auch später über Mitgliedschaft *Identifikation* gestiftet wird.

- Neben Vereinen und Gesellschaften gibt es viele einfache und auch kostengünstige Maßnahmen zur Identitätsfindung, wie z. B. *Fanartikel*.

- Die Auslese der Interessenten für *Berufsqualifizierungen* sollte den jeweiligen Institutionen selbst überlassen bleiben. So können diese ein *eigenes Profil* entwickeln, was wiederum *Identifikation* und Motivation der betroffenen Personen stark fördert.

- *Identifikation* läuft vor allem auch über *inhaltliche Angebote*. Besonders positiv wirken hier Sonderereignisse (z. B. Ringveranstaltungen, Exkursionen, Feste/Feiern, Partnerschaften etc.)

- *Identifikation* wird dann erleichtert, wenn sich die jeweilige Institution auch von ihrem *äußeren Erscheinungsbild* her, attraktiv und angemessen präsentiert.

Es bleibt zu hoffen, dass eine eventuell vorhandene Verwunderung über die hier herausgestellte starke Bedeutung von *Identifikation* der Überzeugung weicht, dass mit *Identifikation* (und in deren Folge Motivation) ein Schlüssel vorliegt um in vielerlei Hinsicht die verschiedenen *Berufsqualifizierungen* so zu gestalten, dass deren Absolventen im Beruf globale Herausforderungen annehmen und auch bestehen werden.

2.2.3 Internationalisierung

Es ist wohl unstrittig, dass *Internationalisierung* (damit auch *Globalisierung*) eine prägende Entwicklung zu Beginn dieses Jahrhunderts ist. So wird auch von den verschiedenen *Berufsqualifizierungen* erwartet, dass sie sich formal und inhaltlich gleichsam internationalisieren. Dazu ist es notwendig, dass man sich von der Organisation her (*formal*) und auch inhaltlich (*material*) mit den Formen anderer Kulturen auseinander setzt.

Organisation (formal) erfordert folgende Handlungsperspektiven:

- Einführung des *European Credit Transfer System* (ECTS) um Gestaltung und Anforderungen von Studiengängen zumindest in Europa vergleichbar zu machen.

- Abschluss jeder Lehrveranstaltung mit einer international durchgängig akzeptierten Prüfung („credit points" = Semesterwochenstunde x Note oder bestanden – nicht bestanden).

- Harmonisierung und damit *Anerkennung* von *Abschlüssen* der verschiedenen *Berufsqualifizierungen* um z. B. die Freizügigkeit im Bezug auf die Berufswahl in der EG zu ermöglichen.

- Angebot von *Lehrveranstaltungen* in *englischer Sprache* (v. a. als so genannte „summer school") um mehr Studierenden aus dem Ausland die Chance zu bieten – ggf. auch für kürzere Zeit – in Deutschland zu studieren und um den jungen Menschen in Deutschland die internationale Welt über eine Fremdsprache näher zu bringen.

Die inhaltliche (materiale) Seite erfordert folgende Handlungsperspektiven:

- Verstärkung der *Auslandskunde*, d. h. Informationen über andere Länder.

- *Internationale Erziehung*, die über Module in der *Berufsqualifizierung* dazu beiträgt, dass sich vor allem junge Menschen auch international orientieren.

- Einbeziehung von Informationen zu Möglichkeiten der *Entwicklungshilfe* mit Bezug zu den jeweils gewählten Berufsfeldern.

- Berücksichtigung der *interkulturell-vergleichenden Dimension*, d. h. Befassung vor allem mit Ergebnissen vergleichender wissenschaftlicher Untersuchungen.

- Bereitstellung konkreter Erfahrungen mit anderen Kulturräumen durch Partnerschaften, Auslandsaufenthalte und Kulturaustausch.

Internationalisierung der verschiedenen *Berufsqualifizierungen* ist damit ein Gebot der Stunde. Folgende als positiv zu wertenden *Konsequenzen* lassen sich daraus ableiten:

- Wer mehr über andere Länder lernt, versteht diese besser in ihrer Eigenart und Andersartigkeit.

- Durch die Alternativen des Auslands lernt man die eigenen Schwerpunkte besser kennen.
- Man kann immer auch von anderen Ländern lernen und Teilaspekte übernehmen. Zur Erhaltung sozio-kultureller Vielfalt auf dieser Welt ist vor der Übernahme kompletter Systeme jedoch dringend zu warnen.

Internationalität ist somit ein sorgsam zu erfüllender und weltweit zu sehender *Anspruch*, den *Berufsqualifizierungen* in Deutschland dringend verstärkt einlösen müssen.

2.2.4 Natur- und Umweltorientierung

Fragen und Aspekte von *Natur* und *Umwelt* werden sowohl national als auch international zunehmend diskutiert. Parteien mit Schwerpunkt Natur und Umwelt, entsprechende Verbände und Ministerien sowie Weltklimagipfel zeigen dies. Die Wichtigkeit dieser Thematik stößt jedoch oft an die Grenze einer egozentrischen Einstellung. Umwelterhaltende Maßnahmen werden oft nur akzeptiert, solange es andere betrifft und dem eigenen Vorteil nicht schadet.

Der Grund, warum diese Thematik hier als Kategorie für den tertiären und quartären Bildungsbereich auf der Organisationsebene aufgenommen worden ist, liegt darin, dass nur eine flächendeckende Einbeziehung der Thematik in die verschiedenen *Berufsqualifizierungen* eine verstärkte und auch ehrliche Befassung mit Fragen von Natur und Umwelt sicherstellen kann. Ansonsten wird das Thema zwar behandelt, aber weit weg von den Menschen, von der Basis und vorwiegend theoretisch; diese mangelnde Bodenhaftung verhindert jedoch oft engagiertes Eintreten für Natur und Umwelt.

Ein dreidimensionales Konzept der *Fairness* kann die Wichtigkeit des Themas Natur und Umwelt unterstreichen. Fairness muss danach heute in *drei Dimensionen* gesehen werden.

(a) Fairness gegenüber der *eigenen Person* (z. B. kein Genussmittelmissbrauch)

(b) Fairness gegenüber *anderen Menschen* (z. B. *Regelwerk* im Sport)

(c) Fairness gegenüber *Natur und Umwelt* (z. B. umweltgerechtes Entsorgen von *Abfall*)

Natur- und Umweltorientierung wird somit deshalb als Kategorie auf der Organisationsebene ins Spiel gebracht, da es unbedingt notwendig ist, *organisatorisch sicherzustellen*, dass Aspekte von *Natur* und *Umwelt* bei den verschiedenen *Berufsqualifizierungen* inhaltlich berücksichtigt werden. Dies muss in einer wirksamen Form geschehen (v. a. mit intensiven Diskussionen), damit das Bewusstsein der Menschen in Richtung einer überdauernden positiven Einstellung zu Fragen von *Natur* und *Umwelt* wirklich verändert wird. Nur wenn Bewusstseinsprozesse ablaufen, verändert sich ggf. auch das Verhalten und Handeln von Menschen.

Natur- und Umweltorientierung ist zudem in enger Beziehung zur *Internationalisierung* zu sehen. Es steht eindeutig fest, dass Probleme von *Natur* und *Umwelt* zunächst national anzugehen sind; im Grunde lassen sich jedoch diese Fragen nur noch international lösen. Es bedarf also ihrer Einbindung in das Weltgewissen, da die Menschen hier weltweit nur gemeinsam gewinnen können oder zum Verlieren verdammt sind. *Konsequenz: Natur und Umwelt* müssen zum zentralen Thema aller *Berufsqualifizierungen* werden um das Wohl kommender Generationen sicherzustellen.

2.2.5 Finanzielle Ausstattung

Selbstverständlich hat Qualität auch ihren Preis hat. Nun stehen wir schon seit einigen Jahren in allen Bereichen unserer Gesellschaft immer stärker unter dem Einfluss und Druck des Geldes, der Wirtschaft; die *Kommerzialisierung* hat fast alle Bereiche des öffentlichen Lebens erfasst, auch den von Bildung und Erziehung; wirtschaftliche Aspekte sind zur modernen Ideologie geworden; dies heißt – wo immer möglich – beherrschen wirtschaftliche Interessen offenbar auch Lebensbereiche, die ursprünglich gar nicht so nahe am Puls der Wirtschaft standen. So ist die *finanzielle Ausstattung* der verschiedenen Bereiche der *Berufsqualifizierung* zum einen vor diesem Hintergrund zu beurteilen.

Zum anderen wird – vor allem international gesehen – in vielen Ländern immer noch der optimale Weg der Weltwirtschaft – im Sinne des goldenen Mittelwegs *Soziale Marktwirtschaft* – gesucht; und dies, nachdem sich gezeigt hat, dass beide Extreme, nämlich die Planwirtschaft und der völlig freie Kapitalismus, keine optimale Lösung im wirtschaftlichen Bereich sein können. Erfreulicherweise ist Deutschland im Grundsatz sehr stark dem Ansatz der Sozialen Marktwirtschaft verpflichtet und ringt lediglich um die eine oder andere notwendige Korrektur angesichts neuer, auch globaler Herausforderungen.

Im Blick auf diese allgemeinen wirtschaftlichen Rahmenbedingungen werden folgende *Forderungen* bezogen auf die *finanzielle Ausstattung* der verschiedenen Formen der *Berufsqualifizierung* erhoben:

- Angesichts der Wirtschaftskraft Deutschlands rasche Änderung der *Ausgabenprioritäten* zugunsten von Bildung und Erziehung, vor allem da Deutschland in OECD-Statistiken (Vergleich mit ähnlichen Ländern) sehr schlecht abschneidet.

- Eindämmung des finanziellen Effektivitätsdenkens, da Einrichtungen von Bildung und Erziehung nicht wie Industrieunternehmen mit ständigen Kosten-Nutzen-Kalkulationen funktionieren können.

- Ausschöpfung finanzieller Ressourcen durch Gewährleistung eines „schlanken Staates", d. h. Anwendung des Subsidiaritätsprinzips, bei dem die öffentliche Hand gibt und am Ende auch genau kontrolliert (z. B. Rechnungshof), wo aber der Weg der Zuteilung und Ausgabe von Finanzmitteln den Institutionen und Organisationen der *Berufsqualifizierung* vorwiegend selbst überlassen wird.

- Erbringen von Finanzpotentialen durch verstärkte Anwendung des Verursacherprinzips (vgl. Ausführungen zu Studiengebühren in 2.1.1.).

- Vermehrte Einbeziehung von Finanzierungsmodellen mit privatem Charakter.

Weit davon entfernt zu behaupten, dass alle notwendigen Reformschritte nur mit Geld zu leisten sind, da viele Neuansätze einfach nur einer veränderten Einstellung bedürfen, muss man jedoch klar sehen, dass „Exzellenz" im Bereich der *Berufs-*

qualifizierung (übrigens auch der Schulbildung im Primar- und Sekundarbereich) eben auch ihren finanziellen Preis hat. Dazu abschließend die bescheidene Frage: Wenn Deutschland diesen Preis nicht zahlen kann, wer dann?

2.2.6 Modularisierung und Sequenzgedanke

Ausgehend von der Tatsache, dass *Berufsqualifizierungen* in Deutschland inhaltlich gesehen bisweilen akzeptabel sind, im Bereich der Organisation des Angebots zur beruflichen Qualifizierung aber große Defizite bestehen, kommt der Kategorie der *Modularisierung* – vor allem für den Bereich der Hochschulen und Universitäten – erhöhte Bedeutung zu.

Modularisierung heißt, dass Studien- und Lehrangebote in sehr unterschiedlichen und flexibel zu gestaltenden Einheiten zusammengefasst anzubieten sind. Die Form des Angebots hängt sicher auch von der Struktur des jeweiligen Fachgebiets ab, ist jedoch eine Innovation, die dringend realisiert werden muss. Um dies zu erreichen sind verschiedene Maßnahmen notwendig, die im Folgenden für den Bereich Hochschule bzw. Universität konkret zusammengefasst werden:

- Lehrangebot (mit Ausnahme der Zeit vom 15. Dezember bis 15. Januar, 15. April bis 15. Mai und 15. August bis 15. September) über das ganze Jahr in Trimestern: I. 15. Januar – 15. April, II. 15. Mai – 15. August [einschließlich Summer School], III. 15. Sept. – 15. Dezember). Ausgleich für Lehre mit Forschungszeiten, so dass z. B. ein Jahr gelehrt werden kann und dafür ½ Jahr Forschungszeit gewährt wird.

- Im Rahmen der *Berufsqualifizierung* werden Module von Lehrveranstaltungen in kompakter Form angeboten. Bei einer Durchschnittsbelastung von 20 Stunden Lehrveranstaltungen pro Woche (Semesterwochenstunden) pro Semester für die Studierenden, d. h. 10 Lehrveranstaltungen à 2 Semesterwochenstunden lässt sich in einem Semester pro Woche ein Kompaktkurs mit 28 x 45 Minuten Kontaktzeit, also etwa 5 Std. pro Tag anbieten. Die letzten 2 Wochen des Semesters können dann als Prüfungszeit gelten. Dies bedeutet, dass in einem Semester 10 solcher Kompaktkurse angeboten werden; dies heißt bei Trimester 30 Kompaktkurse pro Jahr. Da dies 60 SWS entspricht, kann ein bislang minimal 4 Jahre dauerndes Studium mit Anforderungen in Höhe von rund 180 SWS in drei Jahren absolviert werden.

- Um vor allem Teilzeitstudierenden sowie berufstätigen Personen das Studium zu ermöglichen, müssen Module zeitlich flexibel angeboten werden (z. B. 5 Tage 17.00-22.00 Uhr oder an 3 Wochenenden).

- *Modularisierung* bedeutet auch, dass jedes Modul mit einer Lernkontrolle abschließt, entweder bestanden/nicht bestanden oder mit Noten. Bei Noten ergeben sich dann zwei Möglichkeiten: Studienbegleitende Lernkontrolle oder Einbringen der Note faktoriell in eine Endnote. Dies erleichtert auch eine klare inhaltlich zu begründende Sequenzgliederung der Inhalte von *Berufsqualifizierungen*.

Es wird somit deutlich, dass *Modularisierung* neue Wege in der Organisation von Inhalten der *Berufsqualifizierung* bedeutet. Kriterien sind Flexibilität in zeitlicher Hinsicht, kompaktes Angebot, Straffung der *Berufsausqualifizierung* durch Angebote über das gesamte Jahr sowie stringenter Sequenzgedanke mit Lernkontrollen bei jeder Lehrveranstaltung. Man kann davon ausgehen, dass diese Studienorganisation für viele Probleme, die die Reformdiskussion bestimmen, eine Lösung bereithält.

2.2.7 Einbeziehung von Informationstechnologie (IT)

Bezogen auf die neuen Möglichkeiten der Informationsübermittlung durch IT werden bereits vielfache Szenarien eröffnet. Vom Studium in der bisherigen Form mit begrenzter PC-Benutzung (vorwiegend als Schreibgerät) bis hin zu Modellen, bei denen Studierende ein Studium komplett von dem PC aus in ihrer Wohnung absolvieren, einschließlich Ablegen der Prüfung. Nun darf man IT-Neuerungen weder strikt ablehnen, noch sollte man IT ungeprüft zum Götzen erheben. Es gilt somit IT sinnvoll in die verschiedenen Formen der *Berufsqualifizierung* einzubinden. Dabei lässt sich im Rahmen einer groben Einschätzung feststellen, dass die verschiedensten *Berufsausqualifizierungen* in Zukunft eine Kombination sein werden aus Präsenzarbeit vor Ort und fernstudienähnlicher Arbeit. Aus dieser Perspektive heraus sind folgende Vorschläge zu betrachten:

- Der PC als Schreibgerät mit exzellenten Möglichkeiten der Aufbereitung von Daten ist unstrittig.

- Ohne Frage ist das Internet bereits heute eine unerlässliche Informationsquelle unter der Maßgabe, dass man sehr genau die Qualität und Verlässlichkeit der gewonnenen Information prüft.

- Datenbanken (v. a. Literatur) der verschiedensten Art sind bereits heute zum unersetzlichen Instrumentarium in der *Berufsausqualifizierung* geworden ohne die die ständig ansteigende Informationsflut nicht mehr zu bewältigen ist.

- „Electronic Publishing" ist eine auf der Ebene von Lexika, Handbüchern, Bibliographien, Indices etc. sinnvolle Alternative. Schon „Electronic Journals" und „Electronic Books" sind jedoch zumindest auch in der Printversion bereitzuhalten, um intensiv damit arbeiten zu können und sie weltweit verfügbar zu haben.

- „Electronic Teaching" ist ähnlich dem programmierten Lehren und Lernen ein Weg, wie z. B. bestimmte Inhalte mit Hilfe einer CD mit integrierten Übungs- und Testaufgaben erarbeitet werden können.

- „Electronic Conferencing" (Konferenzschaltungen) wird bereits praktiziert und ist in Sonderfällen hilfreich. Der direkte Personenbezug, der unmittelbare Diskurs sowie die wechselseitige Interaktion von Personen sind jedoch kaum als primärer Zugang in der *Berufsqualifizierung* zu ersetzen.

In der Summe ist der richtige Weg mit Blick auf die IT-Entwicklung: „Das Neue tun und das Alte nicht lassen" um somit die Güte der *Berufsqualifizierung* zu steigern und sie nicht so weit zu entpersonalisieren, dass wir nicht mehr Menschen für Berufe ausbilden, sondern Wesen, die Maschinen und Automaten ähneln.

2.2.8 Theorie-Praxis-Verbindung

Das *Theorie-Praxis-Thema* ist sowohl zeitlich als auch örtlich gesehen ein allgegenwärtiges. Betrachtet man die deutsche Bildungstradition, so ist hier die Präferenz für Theorie in gleichsam abgehobener und abstrakter Form stark verankert, ganz im Unterschied zum angelsächsischen Raum, wo ein stärkerer Pragmatismus vorherrscht.

Das Begriffspaar „*Theorie und Praxis*" muss erkenntnistheoretisch verstanden werden. Dabei ist die Grundlage der Erkenntnis neben wissenschaftlicher Erkenntnisgewinnung zum großen Teil auch die praktische Erfahrung, die sich dann in allgemeinen Strukturen und rationalen Überlegungen im Bewusstsein als Theorie wiederspiegelt. Diese *Theorie* lenkt dann die *Praxis*; sie wird dabei ggf. verbessert und geht in die Praxis ein. So kann der Kreislauf quasi von neuem beginnen.

Es geht also nicht um besser oder schlechter, wichtiger oder unwichtiger, sondern darum, die Verbindungen zwischen *Theorie* und *Praxis* so zu gestalten, dass die Güte der *Berufsqualifizierungen* wenn möglich optimal ist. In diesem Sinne sind auch die folgenden Überlegungen zu verstehen:

- Beide Seiten, sowohl die Theoretiker (Wissenschaftler) als auch die Praktiker, sollten aufeinander zugehen und nicht arrogant auf die jeweils andere Seite blicken.
- In der Forschung sollte die praktische Seite im Regelfall jeweils von Beginn an eingebunden sein, da somit das Forschungsdesign befruchtet werden kann und die Ergebnisse sich besser in die Praxis umsetzen lassen.
- In der Lehre ist es sinnvoll Experten aus der Praxis einzubeziehen, um somit die in der Tat bestehende enge Verbindung von *Theorie* und *Praxis* zu fördern.
- Die Zweiphasigkeit mancher Berufsqualifizierung (erst Fachwissenschaft, dann Berufswissenschaft) wie bei der Lehrer-, Juristen- und Ärzteausbildung muss in Richtung einer stärkeren Integration beider Phasen überdacht werden.
- Vermittlungsdidaktische Varianten wie Projekt, Praktikum, Exkursion oder „Field Work" müssen vermehrt in die Berufsqualifizierungen einbezogen werden.

Das *Theorie-Praxis-Problem* ist im Grunde genommen nur ein Beispiel für falsche Hierarchisierungen, die in der deutschen Gesellschaft teilweise sehr tief verwurzelt sind. Konkretes Beispiel ist die teils falsche Höherbewertung von Berufen, die sich stärker mit Theorie befassen im Unterschied zu den Berufen mit größerer Praxisorientierung.

Alle Institutionen der *Berufsqualifizierung* sollten sich um ein jeweils ausgewogenes Verhältnis von *Theorie* und *Praxis* bemühen. So kann sichergestellt werden, dass auf der einen Seite berufsrelevant ausgebildet und auf der anderen Seite ein entsprechendes theoretisches Anspruchsniveau gehalten wird.

3   Institutionen im tertiären und quartären Bildungsbereich

Der gesamte Bildungsbereich, der als tertiär und quartär gekennzeichnet ist, kennt vielfältige Institutionen, in denen junge Menschen nach Elternhaus sowie Schulbildung im Primar- und Sekundarbereich eine gezielte *Berufsqualifizierung* erhalten.

Die im Teil 2 dargestellten Kategorien einer Konzeption für den tertiären und quartären Bildungsbereich betreffen teils alle, teils nur bestimmte Institutionen der *Berufsqualifizierung*. Diesen Kategorien kommt jedoch auf jeden Fall eine übergreifende Bedeutung zu.

Im Teil 3 werden spezielle Hinweise und Anmerkungen bezogen auf die jeweiligen Formen, die für die einzelnen Institutionen Gültigkeit haben, gegeben. Berücksichtigt man die Machbarkeit von Innovationen und Reformen, so liegt in den jeweiligen Institutionen des *tertiären* und *quartären Bildungsbereichs* eine relativ große Chance zur Realisierung neuer Ansätze.

Es bietet sich an die *Institutionen* getrennt für den *tertiären* und *quartären Bildungsbereich* darzustellen:

Was den *tertiären Bildungsbereich* angeht, so ist nochmals sehr deutlich zu betonen, dass die vier zu analysierenden Institutionen – *Fachschulen/Akademien, Hochschulen (staatlich), Universitäten (staatlich), Private Hochschulen* – auf einer Ebene als gleichwertig angesehen werden und dass im Rahmen dieser Analyse keinerlei Hierarchisierungsdenken eine Rolle spielt, was leider in Deutschland noch sehr verbreitet ist.

Das duale βerufsbildende Schulwesen in Deutschland (vgl. Kap. B, 3.3) ist eine wesentliche Ausgangsbasis für die *Berufsqualifizierung*. Es ist auf der einen Seite ein Bildungsbereich, der weltweit große Bewunderung genießt und auch in anderen Ländern Nachahmung findet. Auf der anderen Seite ist dieser schulische Bildungsbereich intern gesehen jedoch mit zahlreichen Problemen behaftet, die auf Grund der vielen Untertypen im Berufsbildenden Schulwesen jeweils anders gelagert sind. Es ist eben offenbar nicht einfach die Interessen von Bildung und Erziehung sowie Arbeitswelt (Arbeitgeber) entsprechend abzugleichen. Die *Berufsqualifizierung* wird nicht zuletzt durch Steigerung des beruflichen Anspruchsniveaus immer stärker auch in den tertiären Bildungsbereich verlagert. Die *Berufsqualifizierung* beginnt somit bereits im Abschnitt der Sekundarstufe II (vgl. Kap. B, 3.3). Sie wird dann in zahlreichen Varianten im tertiären Bildungsbereich fortgeführt.

Hier haben sich bis heute sehr vielfältige *Fachschulen/Akademien* etabliert und bieten im Regelfall eine Ausbildung auf sehr hohem Niveau mit sinnvoller Integration von Theorie in die Berufspraxis an.

Hochschulen (staatlich), insbesondere die Fachhochschulen, gibt es in der Zwischenzeit in sehr vielen inhaltlichen Ausrichtungen. Sie sind ein Typ von Hochschule, der in jüngster Zeit mit voller Berechtigung sehr viel Förderung erfährt. Vor allem unter dem Gesichtspunkt der Integration von Theorie und Praxis können auf die Fachhochschulen im tertiären Bildungsbereich in Zukunft noch wichtige Aufgaben zukommen.

Universitäten (staatlich) haben in Deutschland eine lange Tradition (vgl. z. B. Heidelberg, Tübingen, Göttingen). Ferner haben sie im 19. Jh. v. a. in Nordamerika großen Einfluss gehabt bei der Gründung der so genannten Eliteuniversitäten, wie z. B. Stanford, Yale, Harvard und Princeton. Was im Hochschulbereich heute an Veränderungen notwendig ist, wird sehr genau zu analysieren sein, da v. a. ein internationaler Vergleich sehr viele Fragezeichen im Hinblick auf die Entwicklung der Hochschullandschaft in Deutschland bereithält.

Private Hochschulen – vor allem in der Verantwortung von Unternehmen – nehmen zu und stellen im Blick auf das staatliche Hochschulwesen eine starke Herausforderung dar.

Der *quartäre Bildungsbereich* – das heißt die *Fort- und Weiterbildungsinstitutionen* – verkörpert heutzutage einen unverzichtbaren Bestandteil des gesamten Bildungsbereichs. Schlagworte wie lebenslanges Lernen, Wissensgesellschaft, Wissen ist Macht oder Flexibilisierung der Berufswelt stehen für die Notwendigkeit zur Fort- und Weiterbildung, d. h. zur Aktualisierung bereits erworbener Qualifikationen (Fortbildung) sowie zum Erwerb neuer Qualifikationen nach durchlaufener Ausbildung (Weiterbildung). Das Konzept der Fortbildung hat durchgängige Bedeutung, da sowohl der Inhalt der Ausbildung als auch der der Weiterbildung (die ja eine Art neue Ausbildung darstellt) der periodisch angelegten Fortbildung bedarf.

Unabhängig davon, welche dieser vielfältigen Institutionen des *tertiären* und *quartären Bildungsbereichs* durchlaufen wird, folgt nach ihnen für junge Menschen der Eintritt in eine vierte, zeitlich sehr ausgedehnte Phase in ihrem Leben, nämlich in die Berufswelt.

3.1 Tertiärer Bildungsbereich

Im Kontext der Analyse des *tertiären Bildungsbereichs* ist nochmals die deutlich sichtbare Steigerung des beruflichen Anspruchsniveaus anzusprechen. Diese Entwicklung wird auch mit dem Stichwort „*Verdrängungswettbewerb*" gekennzeichnet. Dies bedeutet, dass für berufliche Tätigkeiten immer längere Qualifizierungszeiten mit entsprechenden Abschlüssen erforderlich sind. Wenn früher für eine bestimmte berufliche Position ein Sekundarstufen I Abschluss genügte, so wird heute vielfach der Sekundar II Abschluss (Gymnasium) gefordert. Diese Tendenz ist zum einen bei zunehmender Komplexität der Berufswelt voll gerechtfertigt; zum anderen ist es aus anthropologischer Sicht zu begrüßen, wenn junge Menschen sich ein erweitertes Allgemein- und Fachwissen aneignen können. In diesem Zusammenhang wird dann auch die Beobachtung verständlich, dass so genannte „*ungelernte Arbeitskräfte*" auf dem heutigen Arbeitsmarkt kaum eine Chance haben. Konsequenterweise kommt somit den Institutionen im *tertiären Bildungsbereich* eine zunehmend große Bedeutung zu.

Dies betrifft vor allem auch die *Fachschulen/Akademien* (vgl. 3.1.1), die in ihrer starken Ausdifferenzierung im Rahmen dieser Analyse nicht im Einzelnen dargestellt werden können.

Wenn es denn zudem gelingt die *Hochschulen (staatlich)* vor allem in der Ausprägung der Fachhochschule (vgl. 3.1.2) für immer mehr junge Menschen im Sinne einer grundlegenden beruflichen Qualifizierung attraktiv zu machen, kann Deutschland im internationalen Vergleich wieder so abschneiden, wie es der Struktur unseres Landes entspricht und somit auch notwendig ist.

Die *Universitäten (staatlich)* (vgl. 3.1.3) könnten dann im Sinne hochqualifizierter Lehre und Forschung wieder stärker das dringend notwendige Elitekonzept verwirklichen, d. h. im internationalen Vergleich „graduate schools" sein.

Die *Privaten Hochschulen* (vgl. 3.1.4) können schließlich bei entsprechender gegenseitiger Befruchtung im Verhältnis zu den Hochschulen (staatlich) und Universitäten (staatlich) ein wichtiges Ferment darstellen um den *tertiären Bildungsbereich* qualitativ sinnvoll weiterzuentwickeln.

Auf dem Hintergrund dieser Überlegungen sind die vier im Folgenden einzeln anzusprechenden Institutionen des *tertiären Bildungsbereichs* als gleich bedeutsam anzusehen, fern jedes geringsten Verdachts einer hierarchischen Sichtweise, wie sie in der Vergangenheit leider oft vorgeherrscht hat.

3.1.1 Fachschulen/Akademien

Es ist an sich zu begrüßen, dass die Fortschritte im Bereich der „aufgeklärten" Produktion von Erkenntnissen, Theorien und Wissen dazu geführt haben, dass im Rahmen der *Berufsqualifizierungen* immer höhere Anforderungen gestellt werden um bestimmte berufliche Positionen zu erlangen. Dies ist ein konkretes Merkmal unserer Gesellschaft, die auch als *Wissensgesellschaft* bezeichnet wird, in der als Leitlinie gilt: *„Wissen ist Macht"*; es ist auch eine Gesellschaft, in der man wissenschaftlich-theoretisches „Know-how" als den zentralen Rohstoff bezeichnet, den es zu fördern gilt, v. a. da es in Deutschland Rohstoffe im herkömmlichen Sinne kaum gibt.

Konsequenz davon ist, dass sich für die *Berufsqualifizierung* jenseits der Abschlüsse nach der Sekundarstufe II (Gymnasium/Berufsbildende Schulen) zahlreiche *Fachschulen* und *Akademien* entwickelt haben, die zum großen Teil („schwarze Schafe" wird es immer geben) sehr qualifizierte Berufsausbildung anbieten. Dies betrifft vor allem die so genannten *Neuen Berufsfelder* in Bereichen wie Informatik, Informationstechnologie, Tourismus, Gesundheit und Management. Gemeinsam haben diese Institutionen im Regelfall folgende *Merkmale* aufzuweisen:

- Sie sind *privatwirtschaftlich* organisiert, d. h. die Ausbildung kostet – oft nicht wenig – Geld; dies bedingt eine gewisse als positiv anzusehende Logik im Ablauf der *Berufsqualifizierung* (vgl. 2.1.1).

- Sie zeigen in den inhaltlichen Angeboten meistens eine gute Kombination und Integration von *Theorie und Praxis*.

- Kriterien wie *Orientierung, Einführung* und *Hinführung* mit Bezug zu einem Berufsfeld spielen eine zentrale Rolle.

- Unter *zeitlicher Perspektive* sind diese Ausbildungen kurz und kompakt, teils mit Fernstudium verbunden unter Einschluss neuer IT-Möglichkeiten, d. h. bisweilen auch berufsbegleitend zu absolvieren.

Da diese *Fachschulen/Akademien* u.a. deshalb entstanden sind, weil bisherige Institutionen im tertiären Bildungsbereich versagt haben (z. B. zu späte Antwort auf neue Herausforderungen), darf man sie nicht ablehnen oder unfair beurteilen. Die *„Landschaft"* der *Berufsqualifizierungen* ist auf jeden Fall erfreulich erweitert worden. Wenn es vollends gelingt, die Kontrollarbeit entsprechender unabhängiger *Akkreditierungsstellen* mit Bezug zu Inhalt, Organisation und Kostengestaltung zu stärken, bilden die hier angesprochenen Institutionen einen wertvollen Bereich im System der *Berufsqualifizierungen*.

3.1.2 Hochschulen (staatlich)

Es gibt es im Rahmen der *Berufsqualifizierung* eine ganze Reihe von *Hochschulen* wie z. B. theologische, technische, pädagogische, Architektur-, Kunst-, Musik-, Sport- und Fachhochschulen. Alle diese Hochschulen vermitteln eine fachlich spezialisierte Ausbildung (Lehre) in direkter Verbindung mit wissenschaftlicher Forschung. Das heißt, man geht von der *Einheit von Forschung und Lehre* aus. Eintrittsvoraussetzung ist das Abitur, bzw. eine fachgebundene Hochschulreife.

Diese *Hochschulen* sind somit auf der Ebene der Universitäten zu sehen, mit meist sehr guten und speziellen Studienangeboten sowie dem Vorteil einer kleinen und überschaubaren Hochschule.

Bei *Fachhochschulen* sind spezielle Bedingungen gültig: Zugang auch über die Fachhochschulreife; Studiendauer 3 Jahre (Abschluss: Diplom, Bachelor); Lehrpersonal meist mit Promotion (ggf. Habilitation) und vorwiegend mit Berufspraxis. Die *Fachhochschulen* haben im Regelfall viele Studierende und kämpfen mit ähnlichen Problemen wie die Universitäten. Ein wesentlicher Diskussionspunkt bezieht sich heute auf die Frage: Was ist an *Fachhochschulen* anders, ähnlich oder gleich bezogen auf Universitäten? Im folgenden wird ein *Vorschlag* zur Beantwortung dieser Frage erläutert, wie die *zukünftige Entwicklung* sein sollte:

Aufbauend auf 12 Jahren Schule (mit Abitur) und einem *sozialen Jahr* für alle (Jungen und Mädchen) (keine Wehrpflicht mehr) sollten möglichst viele junge Menschen (auch die, die später eine Universität besuchen möchten) eine *Fachhochschule* durchlaufen (*3 Jahre*). Dabei ist ein Bachelor (B.A. oder B.S. bzw. ein Diplom) der adäquate Abschluss. Inhaltlich wird in den ersten beiden Jahren vor allem das vermittelt, was in 1.2.2 und 1.2.3 dieses Kapitels beschrieben worden ist (*Basiskompetenzen – Schlüsselqualifikationen* sowie *Grundlegende Handlungskompetenzen*). Nach zwei Jahren erfolgt eine Art Zwischenprüfung. Das dritte Jahr dient dann der jeweiligen Berufsorientierung (einschließlich Orientierung für bestimmte Studiengänge an der Universität) mit dem Abschluss B.A./B.S. (Bachelor of Arts/Bachelor of Science) oder Diplom. Nach Abschluss der Fachhochschule erfolgt der Eintritt in den Beruf, das Durchlaufen von speziellen *Berufsqualifizierungen* (vgl. Fachschulen/Akademien) oder die Fortführung des Studiums an einer Universität (Abschluss: Masters, 1-2 Jahre, Promotion, 2-3 Jahre).

Mit diesem Vorschlag wären folgende als positiv zu sehenden *Aspekte* verbunden:

- Gezielte *Fortführung* der Ausbildung nach der Schulzeit

- Sinnvolle *Verbindung* von *Theorie und Praxis* in der Berufsorientierung
- *Zeitlich* überschaubarer Studienabschluss mit verschiedenen Optionen nach Abschluss der *Fachhochschule*
- Beendigung des unsicheren, ambivalenten und teils gestörten Verhältnisses der *Fachhochschulen* zu den *Universitäten*

3.1.3 Universitäten (staatlich)

In diesem Abschnitt geht es um die *staatliche Universität*. Sie ist eigentlich seit der Mitte des letzten Jahrhunderts nie aus der Diskussion entlassen worden. Anhand von Schlagworten wie Bildungskrise, Bildungsnotstand, 68er-Generation, Hochschulrahmengesetz, Lehre und Forschung lässt sich dies im Einzelnen nachzeichnen.

Im Folgenden werden ausgehend von einer eher negativ zu sehenden Gegenwartslage, Perspektiven für die *zukünftige Entwicklung* aufgezeigt. Dabei sind die in 2.1.1 (Lernende in der Berufsqualifizierung), 2.1.2 (Lehrende in der Berufsqualifizierung), 2.2.6 (Modularisierung und Sequenzgedanke) und 3.1.2 (Hochschulen - staatlich) gemachten Aussagen als Ausgangspunkt zu sehen. Zusammenfassend wird vorgeschlagen:

- *Universitätsstudium* (sowie Studium an den Spezial-Hochschulen) nach einem entsprechenden Fachhochschulabschluss
- Entwicklung angemessener *Studiengebühren*
- Lehrende mit *Zeitverträgen* (weder Beamte noch Angestellte)
- *Modularisierung* als neues Organisationsmodell der Lehre (nur maximal 3 Jahre Studium für B.A./B.S. und 1 Jahr für M.A. - Masters Degree)
- Verstärktes Zurückholen der *Forschung* in die Universität (Flexible Zeitblöcke für Forschung durch Modularisierung der Lehre)
- *Integration* von *Theorie und Praxis* in die Lehre (v. a. Verwertung wissenschaftlicher Hausarbeiten)
- Einheit von *Inputevaluation – Lehrveranstaltung – Outputevaluation*
- Kombination von *studienbegleitenden Lernkontrollen* mit Eingang in das Endexamen und *Abschlussprüfung* (schriftlich und mündlich)

- Kombination von *Fernlehrangeboten* (Chancen der Informationstechnologie) und *Präsenzarbeit*

- Verwirklichung *aktueller Ansätze* von Interdisziplinarität, Integration, Themen- und Projektorientierung sowie Internationalisierung des Lehrangebots

- Stärkere Berücksichtigung der *emotionalen Dimension* im Studium durch Fest und Feier (z. B. Semesterabschluss- oder Examensfeiern), Sonderveranstaltungen, Beratungsdienste sowie Schaffung von Raum und Zeit zum Erleben (Kommunikation)

- Verbesserung der Möglichkeiten für Engagement in Bewegung, Spiel und Sport (motorische Dimension) durch entsprechende Gestaltung des *Hochschulsports* (Wahlpflichtbereich für 2 Semester)

- Verlagerung der *Selbstverwaltung* auf mehr hauptamtlich tätige Personen, d. h. das Engagement der Personengruppen (Lehrende, Lernende, Nicht-Lehrende) mehr im Sinne von Aufsichtsratsarbeit

- Verstärkte Öffnung der Universität in die *Öffentlichkeit* mit besonderem Engagement in der Lösung von Problemen im Nahbereich der Universität

- Förderung der *Internationalisierung* in verschiedenen Dimensionen der Universität (z. B. „summer school" in englischer Sprache)

- Behebung der chronischen und überdimensionalen *Unterfinanzierung* der Universitäten

Diese Vorschläge sind in ihrer Gesamtheit zu sehen, da die Realisierung der eher *inhaltlich* zu sehenden Aspekte zum großen Teil an die Akzeptanz auch der stärker *organisatorisch* zu verstehenden Anregungen gebunden ist. Lösung und Verabschiedung aus KMK (Kultusministerkonferenz) induzierter *Gleichmacherei* kann dem einen oder anderen Standort die Chance eröffnen, zumindest mit der Umsetzung eines Teils dieser Vorschläge schon „Morgen" zu beginnen.

3.1.4 Private Hochschulen

Die Etablierung von *Privaten Hochschulen* ist grundsätzlich als eine wichtige und auch notwendige Ergänzung zum staatlichen Hochschul- und Universitätssystem anzusehen. Schon seit geraumer Zeit entstehen solche *Privaten Hochschulen* in Deutschland, vor allem im Bereich der *Wirtschafts-* und Rechtswissenschaften. Dies kommt nicht von ungefähr, da die Wirtschaftswelt in *Private Hochschulen* investiert und letztlich dann auch die Interessenten stellt, die in der Lage sind, viel Geld für diese *Berufsqualifizierung* (meist in Form der berufsbegleitenden Weiterbildung) zu bezahlen, sei es aus eigener Tasche oder gefördert durch ihr Unternehmen bzw. den Arbeitgeber. Im aktuell hoch gehandelten Bereich der *Informationstechnologie* (IT) entstehen ähnliche Modelle (vgl. Multi-Media Campus in Kiel).

Die Grundlage *Privater Hochschulen* ist anders als bei den *staatlichen Universitäten* und kann an folgenden *Begriffen* festgemacht werden: Geringe Zahl an Studierenden, ausgewähltes Lehrpersonal auch aus der Praxis, speziellere inhaltliche Fokussierung (teils im Bereich der Weiterbildungsangebote) Studiengebühren und bessere Finanzausstattung.

Eine weitere *Entwicklung* im Bereich *Privater Hochschulen* ist hier anzusprechen: Die so genannten international orientierten *Unternehmenshochschulen,* vor allem für angehende Manager mit dem Ziel eines Abschlusses „Bachelor" und „Masters of Business Administration" (Beispiel: Bayer, SAP, IBM, Volkswagen, BASF, Daimler-Chrysler). Ihr Stellenwert als *Weiterbildungsinstitution* wird in 3.2.2 noch näher erläutert.

Es gilt jedoch festzuhalten, dass solche Entwicklungen nur möglich und nötig sind, wenn im bisherigen System der Universitätsausbildung Defizite auftreten und über Jahre hinweg auch keine Lösung in Sicht ist. Dieser Vorgang ist – was die *Lehre* anbelangt –ähnlich einzuschätzen wie das Abwandern der *Forschung* aus den Universitäten hin zu speziellen Forschungsinstituten bzw. zu Forschungsstellen der Industrie. Hier rächt sich eben der Irrglaube, man könne die sehr anspruchsvolle Humboldt'sche Idee der „*Einheit von Forschung und Lehre*" gleichsam durch „künstliche Beatmung" am Leben erhalten, wo doch vor allem die Versorgung der Studierenden und die Komplexität der Verhältnisse eine „normale Atmung", sprich entsprechende *finanzielle Ausstattung,* unbedingt erfordern.

Es sollten Elemente, die sich in *Privaten Hochschulen* bewährt haben, in den Kontext der *staatlichen Universitäten* bzw. *Hochschulen* eingebracht werden (z. B. Auswahl der Studierenden durch die jeweilige Institution). So kann dies ein Hilfsmittel bei dem Bemühen sein die teils desolate und unerträgliche Situation deutscher, staatlich verantworteter Hochschulen und Universitäten wieder zu verbessern um somit den nächsten Generationen ein gutes Erbe zu hinterlassen und an die hohe Qualität deutscher Tradition in universitärer Lehre und Forschung anzuknüpfen.

3.2 Quartärer Bildungsbereich

Das Prinzip der ganzheitlichen Betrachtung von Bildung und Erziehung in Deutschland wird durch die Analyse der vier als Sequenz anzusehenden Bildungsbereiche (primar, sekundar, tertiär und quartär) berücksichtigt. Dieser letzte und als *quartär* zu bezeichnende *Bildungsbereich* stellt den Abschluss in dieser „Viererkette" dar. So kann sichergestellt werden, dass durch Einbeziehung und Berücksichtigung von *Fortbildungs- und Weiterbildungsinstitutionen* die heute wichtige Forderung nach *„lebenslangem Lernen"* auch realisiert werden kann.

3.2.1 Fortbildungsinstitutionen

Zu Fragen der *Fortbildung* ist im Kontext der Aussagen zu Aus-, Fort- und Weiterbildung schon eingehend Stellung bezogen worden (vgl. 1.2.1). Im Zusammenhang dieser Ausführungen geht es also nicht mehr um die Begründung der Notwendigkeit von *Fortbildung*. Diese liegt eindeutig auf der Hand. Es geht vielmehr um Aspekte, die für eine qualitativ hochstehende *Fortbildung* an entsprechenden Institutionen entscheidend sind. Diese lassen sich in folgenden *Punkten* als *Forderungen* an die Realisierung der *Fortbildung* zusammenfassen:

- *Fortbildung* gehört dahin, wo *Ausbildung* stattgefunden hat. Die Trennung durch Einrichtung so genannter „Institute für Theorie und Praxis der Schule" zur Fortbildung der Lehrer, also nicht an ihrer Ausbildungsstätte Universität, wird z. B. sehr negativ wahrgenommen. Positiv gewendet bekommt Lehrpersonal an der Ausbildungsstätte hat somit direkten Kontakt mit der Berufspraxis, es erhält Rückmeldung über Wert bzw. Unwert der Ausbildung und den Absolventen der Hochschulen und Universitäten wird eine wichtige Schiene der Identifikation mit ihrer früheren Ausbildungsstätte eröffnet (vgl. Alumni-Vereine, die mehr und mehr gegründet werden).

- Die durch den *IT-Bereich* stark erweiterten Möglichkeiten erlauben *Fortbildung* neben dem Beruf, sogar ohne viele Reisen, d. h. in einem ausgewogenen Verhältnis von *Fern- und Präsenzfortbildung*. Ausreden für Nichtteilnahme an *Fortbildung* wie mangelnde Zeit, zu große Entfernungen und Kosten können heute nicht mehr als Entschuldigung akzeptiert werden.

- *Fortbildung* muss durch die entsprechenden Berufskammern, Berufsorganisationen und Arbeitgeber periodisch (je nach Fachgebiet) *verpflichtend* gemacht werden. Die Erfahrung zeigt, dass bei Freiwilligkeit der *Fortbildung* ohnehin vor allem diejenigen die Angebote wahrnehmen, die es gar nicht so nötig haben (die anderen eben nicht).

- *Fortbildung* soll zunächst selbst finanziert werden. Dies kann durchaus als Teil eines berufsethischen Grundkonsenses angesehen werden. Das Führen eines *Portfolio* (Eintrag mit Prüfung) erlaubt es dann nach einem bestimmten *Umfang an absolvierter Fortbildung* (z. B. Fortbildungseinheiten mit jeweils einem Volumen von 20 Kontaktstunden und 20 Stunden Eigenarbeit) eine entsprechende monatliche Zulage zum Gehalt zu gewähren. Es zeigt sich also wieder, dass man auf der einen Seite zwar inhaltlich, aber auf der anderen Seite unbedingt auch organisatorisch innovativ sein muss, will man Erfolg haben.

3.2.2 Weiterbildungsinstitutionen

Zu Fragen der *Weiterbildung* ist im Kontext der Aussagen zu Aus-, Fort- und Weiterbildung schon eingehend Stellung bezogen worden (vgl. 1.2.1). Im Zusammenhang dieser Ausführungen geht es also ähnlich wie in 3.2.1 (Fortbildung) nicht mehr um die Begründung der Notwendigkeit von *Weiterbildung*. Auch diese liegt eindeutig auf der Hand. Es geht vielmehr um Aspekte, die für eine qualitativ hochstehende *Weiterbildung* an entsprechenden Institutionen entscheidend sind. Diese lassen sich in folgenden Punkten zusammenfassen (IT-Möglichkeiten: vgl. wie 3.2.1):

- Insgesamt gesehen ist ein großer *Markt an Weiterbildungsangeboten* entstanden auf Grund der Anforderungen, die der rasche und intensive Wandel in den Berufsfeldern ergeben hat. Diese neuen Angebote werden zum einen von den Institutionen bereitgehalten, die Aus- bzw. Fortbildungen anbieten. Dabei dürfen – positiv gesehen – *Weiterbildungsangebote* an deutschen Hochschulen bzw. Universitäten bereits heute mit Studiengebühren belegt werden. Anders wären an den teils mit mehrfacher Überlast arbeitenden deutschen Hochschulen und Universitäten auch gar keine *Weiterbildungsangebote* möglich. Zum andern sind – wie erwähnt – zahlreiche *Weiterbildungsinstitutionen* entstanden, die einen Bedarf füllen aber dringend durch *Akkreditierungsstellen* genehmigt, inhaltlich überwacht und in ihrem Finanzgebaren geprüft werden müssen.

- Die Industrie selbst hat schon mehrere *Unternehmenshochschulen* gegründet, die die eigenen Mitarbeiter unter anderem mit notwendigen *Weiterbildungsangeboten* versorgen. „Brainware" wird zu einer entscheidenden Produktivkraft, so eine Begründung für das Entstehen dieser Unternehmenshochschulen. Erste berufliche Qualifikationen erwerben, Erfahrung im Beruf sammeln und dann berufsorientiert weiter studieren heißt hier das Motto. Aktuelles „Know-how", Verstärkung des unternehmensinternen Dialogs sowie Einbeziehung von Kunden und Partnern ist ein weiteres Markenzeichen der Unternehmenshochschulen.

- *Weiterbildungsinstitutionen* können durch ihre Arbeit die *Arbeitslosigkeit* verringern, insbesondere da die Bundesanstalt für Arbeit *Weiterbildungen* auch finanziert (vor allem Umschulungen). Die *Weiterbildungsgesetze* der Länder bieten weitere Anreize sich hier zu engagieren. Der Zwang sich aus einer sicher belastenden Arbeitslosigkeit heraus beruflich neu zu orientieren kann somit auch im Sinne des Sammelns neuer Erfahrungen positiv gesehen werden.

So ist *Berufsqualifizierung* durch *Weiterbildung* im Verbund mit *Fortbildung* auf der Basis qualifizierter *Ausbildung* sicher eine der wichtigsten Antworten auf die Herausforderungen der *Berufswelt* im 21. Jahrhundert.

D BERUFSWELT

Nicht was er mit seiner Arbeit erwirbt,
ist der eigentliche Lohn des Menschen,
sondern was er durch sie wird.

(John Ruskin)

Berufswelt

Grundlegende Aspekte der Berufswelt

Prämissen

Stellenwert

Probleme

Themen im Verantwortungsbereich der Berufswelt

- Arbeitslosigkeit
- Arbeitsumfeld
- „Corporate Identity"
- Finanzgebaren

- Führungsstil
- Portfolio
- Wirtschaftspolitik
- Zeitdimension – Ortsdimension

Ganzheitliche Sichtweise der Berufswelt

Arbeitgeberschaft – Arbeitnehmerschaft

Stellung und Funktion der Berufswelt im Sechs-Felder-Modell

Berufsethik

Ausbildung – Fortbildung – Weiterbildung

Elternwelt – Schulbildung – Berufsqualifizierung – Berufswelt

Das Wort *Beruf* leitet sich ab aus Berufung, berufen, d. h. gerufen werden, etwas zu tun. In diesem grundsätzlichen Bezug kann man die Tatsache, dass Menschen im Regelfall einem Beruf nachgehen, als anthropologische Grundtatsache bzw. als Grundbaustein des menschlichen Lebens werten. Man muss es auch als einen grundsätzlichen Auftrag des menschlichen Lebens ansehen, dass Menschen die Verpflichtung haben einer für sich und die Gemeinschaft nützlichen Tätigkeit nachzugehen, also Arbeit zu leisten.

Dabei treten zwei – im Grunde genommen abzulehnende – extreme Positionen auf: *„Workaholics"* und Vertreter einer totalen *Spaßgesellschaft*.

Von diesen Extrempositionen aus hat sich zudem ein verhängnisvoll alternatives Denken und Empfinden entwickelt, nämlich entweder Beruf oder Spaß. Dabei wird völlig übersehen, dass Beruf, wenn er denn eine Berufung darstellt, erst recht Freude bereiten kann. Dies bedeutet letztlich auch, dass bei Freude am Beruf die entsprechenden beruflichen Leistungen erbracht werden können.

Das Problem liegt also ursächlich darin, dass es heute offenbar immer schwerer wird Menschen den richtigen Weg zur Berufung in einen Beruf zu ebnen; richtiger Weg heißt dabei, dass Veranlagung, Talent, soziokulturelle Umstände und eigene Vorstellungen gleichermaßen beim Finden des richtigen Berufs gelten müssen. Doch dies scheint – wie gesagt – immer seltener der Fall zu sein. Anstelle dessen findet man eben einen *Job* um den notwendigen Lebensunterhalt zu verdienen, ohne eigentlich tiefergehende Bindung an den Job im Sinne eines Berufes zu entwickeln. Erschreckend sind in diesem Kontext auch Meldungen, wonach immer mehr Arbeitnehmer eine Job-Mentalität haben, d. h. wenig Motivation im Berufsleben zeigen. Für diese Menschen ist die *Berufswelt* grundlegend anders zu sehen als für diejenigen, die die Chance hatten, ihrer Berufung zu folgen.

Zudem stellt sich – vor allem auf Grund des galoppierenden *technologischen und wirtschaftlichen Wandels* – die *Berufswelt* heute als sehr variantenreiches und veränderliches Gebiet dar; dies impliziert wiederum hohe Anforderungen und Erwartungen an die Positionierung der Menschen im Kontext der *Berufswelt*. Schließlich wird vielen jungen Menschen die Berufswahl heute nicht gerade leicht gemacht, da nicht jeder die Berufswahl so treffen kann, wie er gern möchte.

In *drei Teilen* wird im Folgenden versucht, die gegenwärtige *Berufswelt* zu analysieren: Grundlagen werden erläutert, zentrale Themen angesprochen sowie Hinweise gegeben für Verhalten und Handeln in eben dieser ganzheitlich zu sehenden *Berufswelt*.

Zunächst geht es darum *grundlegende Aspekte der Berufswelt* zu beschreiben um einen theoretischen Bezugsrahmen mit Hilfe des schon bei der Kennzeichnung der Elternwelt verwendeten Dreischritts – *Prämissen/Stellenwert/Probleme* – zur Verfügung zu stellen. Es muss immer wieder betont werden, dass es sehr wichtig erscheint Gesamtzusammenhänge zu sehen, Ursachen und nicht nur Anlässe für Probleme zu erkennen um adäquate Antworten zu ihrer Lösung zu finden. Dies bedeutet konkret gesprochen „über den Tellerrand" hinausschauen, historische Bezüge sehen, internationale Vergleiche anstellen sowie entsprechend fundierte normative Aussagen treffen, die sich dann auch einer empirischen Überprüfung stellen können.

Auf diesem Hintergrund werden sodann *Themen im Verantwortungsbereich der Berufswelt* angesprochen. Dies kann im Rahmen der vorliegenden Analyse verständlicherweise nur eine Auswahl an Themen (Problemen) sein, von denen allerdings angenommen wird, dass sie vor allem in der gegenwärtigen Situation hochaktuell sind; sie bedürfen somit einer vorrangigen Behandlung, Diskussion und auch Suche nach Lösungsmöglichkeiten. Hierbei ist es insbesondere wichtig im Zeitalter der Globalisierung und Internationalisierung zu verstehen, dass die Welt nicht nur aus Nordamerika, Europa, Japan und Australien besteht. Wenn die Welt schon immer „kleiner" wird und näher zusammenrückt, dann muss auch das Thema *Berufswelt* entsprechend angegangen und zunächst unter europäischer und dann auch unter weltweiter Perspektive behandelt werden.

Schließlich geht es im letzten Abschnitt um das Bemühen eine *ganzheitliche Sichtweise der Berufswelt* anzubieten. Diese Ganzheitlichkeit wird anhand von fünf – als Beispiele zu verstehenden – Aspekten aufgezeigt. Es macht nämlich wenig Sinn von Ganzheitlichkeit als einem lediglich abstrakten Konstrukt zu sprechen. Sie muss vielmehr an Beispielen konkretisiert werden um Schritt für Schritt zu erreichen, dass Menschen Ganzheitlichkeit als Denk- und Handlungsmodell verstehen und sich zu eigen machen.

1 Grundlegende Aspekte der Berufswelt

Zunächst bedarf es – ähnlich wie bei der Elternwelt – einer eingehenden Begründung, warum *Berufswelt* als ein grundlegender Baustein in der ganzheitlichen Konzeption dieser Analyse von Bildung und Erziehung in Deutschland gewählt worden ist. Die *Berufswelt* nimmt im Regelfall – der Beruf der Hausfrau ist hier mitgedacht – einen Großteil der gesamten Lebenszeit ein. Schon aus dieser Tatsache allein ist eine Befassung mit dem Baustein *Berufswelt* in den drei folgenden Abschnitten zu rechtfertigen.

1.1 Prämissen

Folgende Prämissen geben – analog zur Elternwelt – eine Begründung für den hohen *Stellenwert* der *Berufswelt*, so dass diese richtig gesehen und eingeschätzt werden kann:

- Die Geschichte der Menschheit hat bezogen auf die Sicherstellung des Lebensunterhalts – ausgehend von den archaischen Formen der Jäger- und Sammlerkultur bis zum heutigen Tag – zumindest in der in den Industrienationen gültigen hochdifferenzierten und spezialisierten Arbeitswelt eine interessante *Entwicklung* durchlaufen.

- Unter einer *vergleichend-interkulturellen Betrachtungsweise* muss man feststellen und berücksichtigen, dass sich viele Teile der Welt mit Bezug zu dieser Gesamtentwicklungsperspektive für die *Berufswelt* doch in sehr unterschiedlichen Stadien befinden. Diese Tatsache ist für eine verantwortungsbewusste Steuerung der Globalisierungs- und Internationalisierungstendenzen von entscheidender Bedeutung.

- So sollte die industrialisierte und hochtechnisierte westliche Welt auch aufhören – gleichsam diskriminierend – von den so genannten Entwicklungsländern oder der „Dritten Welt" zu sprechen. Fairer und sachadäquater wäre es allemal, von *„anders entwickelten Ländern"* zu sprechen. Es ist nämlich überhaupt nicht sicher, ob sich die so genannte *westliche Entwicklung* mit der hochgradig arbeitsteiligen und hochspezialisierten *Berufswelt* in manchmal arroganter Weise als gleichsam höchste Entwicklungsstufe – gerade unter Heranziehung humaner Gesichtspunkte – einstufen sollte.

- Es muss heute ferner davon ausgegangen werden, dass die *Berufswelt* einem ständigen und auch starken *Wandel* ausgesetzt ist. Hier sind wohlüberlegte, flexible und dynamische Antworten nötig auf die Frage nach ausreichender und adäquater Arbeit für möglichst viele Menschen.

- Auch muss darüber nachgedacht werden, wie die Menschheit in Zukunft *Arbeit* in etwa *gerecht verteilen* kann, damit das Gut „Arbeit" zur positiven und humanen Entwicklung beiträgt; es darf nicht zugelassen werden, dass Arbeit als Faustpfand von wenigen Konzernen bzw. Wirtschaftsmächten zur grenzenlosen Steigerung des Profits auf Kosten vieler Menschen missbraucht wird. Dies sind nämlich im Regelfall Menschen, die sich ehrlich um Arbeit bemühen, und, wenn sie denn Arbeit haben, auch versuchen die Welt mit ihrer Arbeitsleistung nach humanen Maßstäben weiterzuentwickeln.

Auf dem Hintergrund solcher Prämissen können – wie beim Thema Elternwelt – Aussagen getroffen werden, die den zentralen *Stellenwert* der *Berufswelt* als Teil unseres gesellschaftlichen Lebens verdeutlichen. Damit wird zudem erklärt, warum *Berufswelt* in der Konzeption dieses Buches gleichsam als letzte Säule in dem *Viersäulenmodell* – Elternwelt / Schulbildung / Berufsqualifizierung / *Berufswelt* – zur Darstellung kommt (vgl. Abbildung 5).

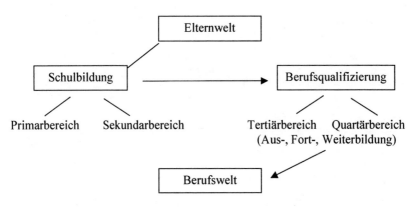

Abbildung5 : Viersäulenmodell

1.2 Stellenwert

Im Kontext der aufgezeigten Prämissen können als exemplarisch zu wertende *Aussagen* den zentralen Stellenwert der *Berufswelt* für das Thema „Bildung und Erziehung in Deutschland" begründen:

- Der Mensch verbringt im Regelfall etwa die *Hälfte seines Lebens* in *beruflicher Tätigkeit.* Dies baut auf der Phase schulischer und beruflicher Ausbildung (1/4) auf und wird gefolgt von der Phase des Ruhestandes (1/4).

- Der legitime Wunsch vieler *Frauen* nach *beruflichem Engagement* beweist erneut, dass berufliche Tätigkeit ein wesentlicher Teil der Erfüllung im menschlichen Leben ist. Dies betrifft vor allem Berufe, denen außerhalb der Tätigkeiten zu Hause nachgegangen wird. Erfreulicher Weise wird jedoch der Beruf der Hausfrau in der Zwischenzeit mit voller Berechtigung auch als Beruf anerkannt.

- Macht man sich die schwierige Situation der *Arbeitslosigkeit* klar, so kann man auf dieser Negativfolie sehen, wie wichtig es ist, dass Menschen Arbeit haben um ein Leben mit positiver Lebensgestaltung zu führen und nicht das Gefühl zu besitzen, dass sie eigentlich überflüssig sind.

- An den Universitäten ist in jüngster Zeit ein eigenes und neues Wissenschaftsgebiet entstanden, die *Arbeitswissenschaft(en).* Dabei versucht man, aus zahlreichen Wissenschaftsdisziplinen heraus die Themen und Probleme der Arbeitswelt zu untersuchen um dadurch Entscheidungshilfen für die schwierige Aufgabe der richtigen Gestaltung der *Berufswelt* zu bekommen.

- Die Anzahl von *Organisationen* und *Institutionen,* die sich mit dem Thema Arbeit bzw. mit dem Beruf befassen, ist sehr hoch. Genannt seien nur Arbeitsministerien, Gewerkschaften, Berufsinformationszentren (BIZ), Bundesanstalt für Arbeit, Arbeitsämter, Stellen für Arbeitsbeschaffungsmaßnahmen (ABM) sowie Arbeitsgerichte. Dies zeigt, dass unsere Gesellschaft die Arbeitswelt als wichtiges gesellschaftliches Teilsystem ansieht.

- Der Umfang, den die Arbeits- und *Berufswelt* in *Print- und Bildmedien* einnimmt, ist erstaunlich hoch (siehe Stellenanzeigen, Werbung für Berufsausbildungen, Wirtschaftsteil, Sonderseiten zum Thema „Beruf").

- *International* gesehen erlangt das Thema „Arbeit und Beruf" ebenfalls eine immer größere Bedeutung; zu denken ist hierbei an Freizügigkeit auf dem Arbeitsmarkt der Europäischen Union, an exportorientierte Länder wie Deutschland und an die internationale Verflechtung der Industrien, Konzerne und Märkte.

- Schließlich kann die große Anzahl der Institutionen und Organisationen, die sich um *Aus-, Fort- und Weiterbildung* bemühen, beweisen, dass die *Berufs-*

welt – vor allem in der zunehmend arbeitsteiligen und spezialisierten Welt – eine konstante und feste Größe im Leben der Menschen darstellt.

Dies sind nur Beispiele um den *Stellenwert* der *Berufswelt* zu begründen. Wenn im Folgenden auf ausgewählte Probleme eingegangen wird, so leitet sich aus dem hohen Stellenwert der *Berufswelt* eine klare Verpflichtung ab sich um die Lösung dieser Probleme zu kümmern. Dies um so mehr, da es bei der *Berufswelt* ja zunächst um die grundlegende Notwendigkeit der Beschaffung des Lebensunterhalts geht.

Mit den folgenden *Beispielen* soll in das Szenario von *Problemen* mit Bezug zur *Berufswelt* eingeführt werden, so dass dieser „sensible" Teilbereich unserer Gesellschaft besser verstanden werden kann und sich gegebenenfalls auch adäquate Lösungen für diese Probleme abzeichnen.

1.3 Probleme

Anhand der Schilderung von Problemen, die sich in der *Berufswelt* heute zeigen, kann verdeutlicht werden, wie wichtig es ist *Lösungsmöglichkeiten zur Gestaltung der Berufswelt* zu benennen, so dass sie ihre Chancen, Aufgaben und Verantwortung der Gesellschaft gegenüber besser wahrnehmen kann.

Die folgende *Auflistung von Problemen* erhebt keinerlei Anspruch auf Allgemeingültigkeit oder Vollständigkeit. Sie ist zu sehen unter dem Prinzip des Exemplarischen; dieses wird hier verwendet um ausgehend von Problembeispielen möglichst rasch und umfassend Lösungsmöglichkeiten, Wege aus der Krise und Strategien zum Bestehen globaler Herausforderungen für die *Berufswelt* aufzuzeigen.

- Es gibt immer noch zu viele *Arbeitsplätze*, die nicht so gestaltet sind, dass die dort arbeitenden Menschen sich bei der Arbeit wohl fühlen können. Dies liegt nicht immer nur an mangelnden Geldmitteln, sondern es ist oft eine Frage des Willens zur Gestaltung. Farbe, Blumen, Wasser, Licht sind „Mächte", die viel bewirken können. Hier sind v. a. die Arbeitgeber gefordert Abhilfe zu schaffen und für humane Arbeitsbedingungen zu sorgen.

- *Arbeitslosigkeit* ist ein weltweites Problem. Auch in Deutschland haben wir – regional unterschiedlich – beängstigend hohe Prozentzahlen an arbeitslosen Menschen. Das Problem ist sicher zunächst ein finanzielles. Gravierender sind jedoch die sozialpsychologischen Probleme, v. a. das Gefühl bei arbeitslosen Menschen nicht mehr gebraucht zu werden, wenn nicht gar versagt zu haben.

- In der *Berufswelt*, d. h. am Arbeitsplatz, wird bisweilen auch sehr beklagt, dass die so genannte „*Corporate Identity*" (die Identifikation mit dem Arbeitsplatz) doch zunehmend sehr zu wünschen übrig lässt. Dieses Problem bedarf einer genauen Analyse, um hier Abhilfe zu schaffen. Dies heißt einerseits für Zufriedenheit der arbeitenden Menschen und andererseits für ein optimales Arbeitsergebnis zu sorgen.

- Der *Führungsstil* ist ein weiteres Problem, da er all zu oft eine der beiden als negativ anzusehenden Formen annimmt, d. h. sich entweder zu autoritär oder zu gleichgültig gestaltet. Es ist offenbar schwierig die richtige Mitte zu finden, d. h. den sozial-integrativen Führungsstil zu praktizieren.

- Die Zahl der Krankschreibungen bzw. der Eintritt in die Frührente wegen gesundheitlicher Schäden ist alarmierend hoch. Hier ist im Sinne einer ganzheitlich zu verstehenden *Gesundheit* (körperlich, geistig, seelisch, sozial) viel zu tun um die gesundheitlichen Gefahren vor allem auch am Arbeitsplatz zu minimieren.

- Die heute weit verbreitete *Wachstumsideologie* ist eine gefährliche Perspektive (gleichsam als Spirale zu kennzeichnen), da sie vorgibt Menschen könnten von Jahr zu Jahr mehr verdienen. Hier sind andere Formen der gerechten Beteiligung am Fortgang (auch am Stillstand oder Rückschritt) des jeweiligen Arbeitsplatzes einzuführen um das Problem des Wachstums sinnvoll zu lösen.

- Die *Berufswelt* ist immer noch zu einseitig mit dem Bereich *Ausbildung* belegt. Zu wenig wird der Bogen zur *Fort- und Weiterbildung* geschlagen, die heute allein sichere und attraktive berufliche Tätigkeit garantieren können.

- Ein wesentliches Problem im Bereich der *Berufswelt* liegt darin, dass *Verdienstgerechtigkeit* oft nicht gegeben ist. Es ist unverständlich, dass ein Wirtschaftsmanager, der ein Unternehmen „gegen die Wand gefahren" hat, noch mit vielen Millionen Mark bzw. Euro in den Ruhestand geschickt wird. Auch manche Gehälter in der Profisport- und Unterhaltungsszene sind schon lange nicht mehr nachvollziehbar in ihrem Niveau. Hier wird verständlicher Weise viel Unmut und Unzufriedenheit geschürt. Um kein Missverständnis aufkommen zu lassen: Wer viel leistet, soll eine gute Entlohnung dafür bekommen. Es geht jedoch um ein gerechtes Verhältnis von erbrachter Leistung zur Belohnung.

- Mangelnde *Flexibilität* und *Dynamik* sind nach wie vor Kennzeichen der *Berufswelt* in vielen Bereichen. Warum ist es so schwierig Teilzeit- und Vollzeitarbeit zu harmonisieren? Warum kann nicht mehr Nebenamtlichkeit neben Hauptamtlichkeit existieren? Warum ist es so schwierig mehr Arbeitsverhältnisse auf Zeit zu etablieren? Hinter all diesen Fragen stehen zentrale Probleme der *Berufswelt*, die dringend einer Lösung bedürfen.

- Schließlich gibt es immer noch Probleme in der *Berufs- und Arbeitswelt*, den in der Zwischenzeit doch als wirtschaftspolitisch optimal angesehenen Weg der *Sozialen Marktwirtschaft* zu gehen. Weder gelenkte staatliche Planwirtschaft noch der extreme kapitalistische Wirtschaftsliberalismus helfen bei der Gestaltung der *Berufswelt* weiter. Der Mittelweg der *Sozialen Marktwirtschaft* muss gegangen werden um die *Berufswelt* stabil, gerecht und zukunftsweisend weiter zu entwickeln. Die *Soziale Marktwirtschaft* darf allerdings keine falsch verstandenen sozialen Netzwerke bereitstellen. Wenn nämlich die Zahl der in Wirklichkeit arbeitenden Menschen gegenüber der Gruppe der Rentner, Kranken, echt Arbeitslosen und Arbeitsverweigerern zu klein wird, dann wird Soziale Marktwirtschaft ungerecht, d. h. sie zerstört sich selbst.

Einige Probleme sind hiermit anhand von Beispielen angedeutet worden. Im zweiten Teil des Kapitels *Berufswelt* werden diese Probleme als Ausgangspunkt genommen um daraus ableitend *Themen im Verantwortungsbereich der Berufswelt* zu behandeln und somit aus ganzheitlicher Sichtweise Hilfen sowie Hinweise für Möglichkeiten der Gestaltung der *Berufswelt* in der Zukunft bereitzustellen.

2 Themen im Verantwortungsbereich der Berufswelt

Ausgehend von einer sehr einfachen Erfahrungstatsache kann man folgende Aussage treffen: Für Stellen, an denen man viel Zeit seines Lebens verbringt, sollte man alles daran setzen sie so schön und attraktiv wie möglich zu gestalten. Dies trifft sicher auch auf den Ort zu, an dem Menschen ihrem Beruf nachgehen. Daraus leitet sich eine hohe Verantwortung der *Berufswelt* ab, der *Arbeitgeber* und *Arbeitnehmer* gerecht werden müssen. In diesem Kontext ist die Auswahl der Themen zu sehen, die im Folgenden unter der Perspektive *Verantwortungsbereich der Berufswelt* behandelt werden (dargestellt in alphabetischer Reihenfolge).

Die *Gestaltung der Berufswelt*, konkret des Arbeitsplatzes, hat viele Gesichter. Diese werden in der Bandbreite der zu behandelnden Themen widergespiegelt und betreffen sowohl physische als auch kognitive und affektive Bezüge.

Betrachtet man das Thema *Berufswelt* historisch, so hat man sicher noch die Bilder der unmenschlichen Arbeitsbedingungen aus der Zeit der beginnenden Industrialisierung in England am Anfang des 19. Jh. im Kopf.

Geht man vom *Status quo* aus und betrachtet Kinderarbeit in vielen Teilen der Welt oder Arbeit in den Minen Südamerikas, so muss man feststellen, dass weltweit gesehen nach wie vor bisweilen unhaltbare Zustände in der Arbeitswelt herrschen. Dem gegenüber muss man zugestehen, dass die Situation sich in Deutschland im Regelfall vergleichsweise gut darstellt.

Blickt man in die *Zukunft*, so wird vorgeschlagen, dass selbst bei der relativ guten Situation in Deutschland – sicher von Berufsfeld zu Berufsfeld unterschiedlich – immer noch Verbesserungen möglich sind, die in der Behandlung der einzelnen Themen angesprochen werden.

2.1 Arbeitslosigkeit

Hierbei handelt es sich um ein Thema, das nun schon seit einigen Jahren auf Grund zu hoher Arbeitslosenzahlen heftig diskutiert wird; es zeigt sich periodisch immer wieder tiefe Enttäuschung, wenn das Arbeitslosenproblem einmal mehr nicht gelöst werden kann. Nun ist das Thema in Deutschland (wie in anderen von der *Berufswelt* her gesehen vergleichbaren Staaten) noch relativ überschaubar, wenn man im Vergleich dazu das Problem *Arbeitslosigkeit im internationalen Kontext* betrachtet. Einige Gedankensplitter können zur Diskussion anregen und vielleicht auch Wege zur Bewältigung von *Arbeitslosigkeit* aufzeigen, die elementar mit der *Berufswelt* verknüpft ist.

- *Arbeitslosigkeit* ist nicht nur ein finanzielles Problem. Viel schwerwiegender ist – leider selten gesehen – oft die *sozialpsychologische Seite der Arbeitslosigkeit*. Menschen müssen plötzlich erfahren und verarbeiten, dass sie nicht mehr gebraucht werden und in der Gesellschaft zu einer Gruppe mit „low standing" gehören.

- Überzogene *soziale Sicherungssysteme* um Arbeitslose finanziell aufzufangen sind die falsche Antwort. Das hier einzusparende Geld muss in Qualifizierungsmaßnahmen und in Versuche investiert werden Menschen in Arbeit (auch Teilzeit) zu bringen.

- Der sicher legitime Wunsch der *Frau* zu arbeiten und sich im Beruf zu bewähren kann langfristig in Deutschland nur erfüllt werden, wenn Arbeit anders verteilt wird (z. B. Ehepartner 2 x halbtags oder mit Schaffung einer Stelle zur Kinderbetreuung, wenn beide Ehepartner arbeiten).

- Die Chance zur Schaffung von Arbeitsplätzen liegt in Deutschland v. a. im *Dienstleistungsbereich* (Entwicklung von der Agrar-, zur Produktions- und zur Dienstleistungsgesellschaft). Nur müssen die Menschen dann die noch weit verbreitete „*Nulltarifmentalität*" aufgeben und bereit sein für Dienstleistung entsprechende Gebühren zu bezahlen, so dass damit Arbeitsplätze geschaffen werden können.

- Im Zeitalter des raschen Wandels müssen Menschen bereit sein auch zu ungewöhnlichen Zeiten und ggf. an mehreren Orten Arbeitsverhältnisse einzugehen.

- Qualifizierte Bildung und Erziehung mit *abgeschlossener Berufsqualifizierung* ist immer noch der beste Garant um *Arbeitslosigkeit* zu vermeiden.

- *Arbeitslosigkeit* muss im Sinne der Fairness in einer Zeit weltweiter Vernetzung (*Globalisierung* und *Internationalisierung*) auch in diesem Kontext gesehen werden um vor allem auch das Problem der zunehmenden Arbeitsmigration zu bewältigen.

Dies können in der Tat nur Gedankensplitter und Anregungen sein; eine so gewichtige Frage wie die *Arbeitslosigkeit* darf bei der Diskussion des *Verantwortungsbereichs der Berufswelt* nicht ausgeklammert werden; ganz im Gegenteil, es ist dringend notwendig, dass auf diese Geißel der Menschheit adäquate Antworten gefunden werden.

2.2   Arbeitsumfeld

Dies ist ein Bereich, in dem neben dem Arbeitgeber der einzelne Arbeitnehmer einen Großteil an Verantwortung für eine entsprechende Gestaltung des *Arbeitsumfeldes* übernehmen kann. Damit soll gleichzeitig angedeutet werden, dass neben dem Ruf nach dem anderen (hier der Arbeitgeber, ein anderes Mal der Staat) immer auch die Übernahme von *Eigenverantwortung* vorhanden sein muss. So sind die folgenden *Anregungen* sowohl für den *Arbeitgeber* als auch für den *Arbeitnehmer* gedacht:

- *Äußere Gestaltung* des Arbeitsplatzes durch Farben, Licht und ggf. Blumen (Anregung über die Farbwahrnehmung)
- Schaffung von gesundheitsadäquaten Verhältnissen im Bezug auf Beleuchtung, Belüftung, Heizung, Lärm und sanitäre Einrichtungen
- Sicherstellung von *rauchfreien* Arbeitsplätzen
- Bereitstellung von *ergonomisch* günstigen Möbeln (v. a. Stühle) bzw. arbeitsplatzbezogenen Geräten
- Verfügbarkeit entsprechender Räume zur *Pausengestaltung* (z. B. Cafeteria, Kantine, Teeküche, Raum für Gespräche, Besucherraum, Bewegungsareal)
- Möglichkeit der *Bewegungspause am Arbeitsplatz* bis hin zu Räumen (z. B. Fitnessraum mit sanitären Einrichtungen) für *Betriebssport* in der Freizeit am Arbeitsplatz
- Einrichtung von arbeitsplatznahen *Kindergärten* mit Halbtags- und Ganztagsbetreuung um die Berufstätigkeit von Eltern mit Familienorientierung in vernünftigen Einklang mit dem Wunsch nach Kindern zu bringen
- Entsprechende Gestaltung der gesamten *Arbeitsstätte* (Anfahrt, Eingang, Parken, Treppenhäuser, Ausschmückung), da dies gleichsam das Entree zu den

einzelnen Arbeitsplätzen ist, dessen Wirkung auf die Stimmungslage und Motivation der arbeitenden Menschen (und der Besucher) nicht unterschätzt werden darf.

Diese Gesichtspunkte können sicher zum Teil als Selbstverständlichkeiten angesehen werden. Doch oft muss man auch Selbstverständlichkeiten thematisieren um sie wieder bewusst zu machen. Zudem enthalten diese Vorschläge einen *system- und handlungstheoretischen Hintergrund*. Dies kann man auf folgenden Nenner bringen: Ganzheitlichkeit ist ein richtiger Weg um Dinge in ihrem Gesamtzusammenhang und nicht isoliert zu sehen; auch das Arbeitsumfeld ist ein System mit vielen Faktoren; die Handlungen der arbeitenden Menschen sind im Licht dieses Systems als komplexes Ganzes zu sehen.

2.3 „Corporate Identity"

Dieser Begriff wird sehr häufig mit Bezug zu größeren Industrieunternehmen verwendet. Wenn beispielsweise SAP, IBM, Volkswagen, BASF oder Daimler-Chrysler eigene Unternehmens-Hochschulen gründen, so geht man davon aus, dass dies u. a. dazu beiträgt, die *„Corporate Identity"*, das heißt den inneren Zusammenhalt des Unternehmens, zu stärken.

Im Kontext dieser Analyse wird *„Corporate Identity"* sehr weit verstanden; dies heißt, dass diese auch mit Bezug zu kleineren Berufswelten, z. B. einer Grundschule oder einer Abteilung an der Universität, eine Rolle spielt. Im Licht dieses breiten Verständnisses von *„Corporate Identity"* werden im Folgenden Beispiele für *Maßnahmen* dargestellt, die dazu beitragen können die diese zu stärken. Dabei ist selbstverständlich zu berücksichtigen, dass die einzelnen Berufsfelder ihre eigene Logik bzw. Gesetzmäßigkeiten haben, die es jeweils zu berücksichtigen gilt:

- Aufstellung einer Philosophie bzw. Leitvorstellung für die entsprechende Einheit eines Berufsfeldes, möglichst unter Beteiligung der dort arbeitenden

Personen, die in einer *Zielvereinbarung* (Ziele, Pläne, Projekte etc.) festgeschrieben wird.

- Sicherstellung eines guten *innerbetrieblichen Informationsflusses* auf verschiedenen Wegen: z. B. Mitteilungsblatt, Info-Brett, Konferenzen, Homepage, Intranet.

- Berücksichtigung von *Identifikationsmöglichkeiten*, d. h. das Ergreifen von Maßnahmen, die sicherstellen, dass Mitarbeiter sich stärker mit ihrem Betrieb identifizieren: Informationsfluss, Mitentscheidungsmodelle, emotionale Wärme (z. B. Geburtstagsehrung), „social events" (z. B. Ausflüge, Exkursionen), Öffentlichkeitsarbeit.

- *Offene Personalpolitik* zur Erreichung eines positiven Profils des Betriebs und damit von „*Corporate Identity*".

- Einbau eines Korrektivs im Sinne der Übernahme von Verantwortung für positive und negative Entwicklung des jeweiligen Betriebs mit periodischer Standortbestimmung und entsprechender Rückwirkung auf die Gehaltsentwicklung der Mitarbeiter (vgl. 2.4).

Die „*Corporate Identity*" hat einen engen Bezug zur *Motivation*, die immer auch eine Mischung aus inneren (intrinsischen) und äußeren (extrinsischen) Elementen darstellt. Dies wird nochmals besonders betont, da sehr häufig zu beobachten ist, dass eine mangelnde Berücksichtigung von Motivationslagen in der *Berufswelt* eine Ursache für Probleme bildet, die sich bei richtiger Einschätzung der Motivationslage von Mitarbeitern gar nicht stellen würden.

2.4 Finanzgebaren

Berufswelt hat immer auch mit dem Aspekt der *Finanzen* zu tun. Nur „Träumer" und Utopisten könnten annehmen, dass dem nicht so sei. Somit ist es notwendig und gerechtfertigt das *Finanzgebaren* als ein wesentliches Thema im Verantwortungsbereich der *Berufswelt* anzusehen. Um Missverständnisse auszuschließen: Hier geht es nicht um Strategien, wie man ein Unternehmen in optimale Gewinnzonen führt oder seine Bilanz aufbessert (gleichsam die *Interseite* zwischen Ausgaben und Einnahmen). Hier geht es mehr um die *Intraseite*, das heißt, wie bestimmte Strategien intern in einem Betrieb bzw. in einem Berufsfeld mit Bezug zur

Bezahlung der Mitarbeiter geregelt werden. Dabei spielen vor allem Kriterien wie Gerechtigkeit, Motivation und Solidarität eine Rolle. Nur wenn die Verdienstfestsetzung (Gehaltsbestimmung) gerechte Entlohnung für echte Leistung bedeutet, entsteht eine Motivationslage, die dann auch solidarisches Handeln in einem Betrieb bzw. in einer sozialen Einheit ermöglicht. Die folgenden Vorschläge können ggf. dazu beitragen, dass im Intra-Finanzgebaren die Anforderung an eine humane *Berufswelt* erfüllt werden.

- Unterschiedliche Leistung soll unterschiedlich bezahlt werden. Jedoch muss die *Verhältnismäßigkeit* gewahrt bleiben, d.h. zwischen einem Arbeiter an der Maschine und dem Top-Manager dieses Betriebs, der nach seinem Scheitern ggf. auch noch mit einer hohen Abfindung in den Ruhestand geschickt wird, muss es ein sachrational zu begründendes Verhältnis geben.

- Die *Abfindungs- und Pensionspraxis* bedarf vor allem bei Politikern dringend der Überprüfung durch die rechtsprechende Säule unseres Staates. Hier werden schlechte Vorbilder gegeben, die dann in anderen Berufsbereichen Schule machen. Adäquates Gehalt und im übrigen Eigenverantwortung für die Zeit nach dem Ausscheiden aus der Politik (Altersversorgung) sind ein akzeptables Finanzierungsmodell.

- Die *Wachstumsideologie*, d. h. dass das Gehalt von Jahr zu Jahr immer um weitere Prozentpunkte steigen müsste, ist eine Sackgasse. Besser ist es eine Gewinnbeteiligung – wenn wirtschaftlich vertretbar und organisatorisch machbar – im Sinne von Teilhabe am Betrieb vorzusehen um somit auch die Identifikation mit dem Arbeitsplatz zu stärken.

- Nicht Gießkannenprinzip mit Weihnachts- und Urlaubsgeld, sondern Bereitstellung von Mitteln zur Ausgabe von *Zulagen* am Jahresende (je nach individueller Leistung am Arbeitsplatz) ist im Sinne gerechter Leistungsförderung zu verwirklichen.

- Leistungsgerecht bezahlte *Zeitverträge* sind einzuführen; der das Mittelmaß fördernde Status von Angestellten und Beamten mit fast nur altersinduzierter Bezahlung auf Lebenszeit ist abzuschaffen.

Eine zugegebenermaßen von einem Nicht-Finanzfachmann vorgelegte Analyse sieht an diesem Punkt das *Finanzgebaren* der *Berufswelt* vor allem im Kontext psychologischer, pädagogischer und soziologischer Überlegungen. Dabei ist das innerbetriebliche *Finanzgebaren* ein wichtiges Thema, wenn die *Berufswelt* verantwortungsbewusst gestaltet werden soll.

2.5 Führungsstil

Der von Personen auf verschiedenen Ebenen eines Berufsfeldes praktizierte *Führungsstil* ist ein weiteres Thema im Verantwortungsbereich der *Berufswelt*, das sehr sorgfältig behandelt werden muss, will man diese *Berufswelt* optimal gestalten.

In der allgemeinen Diskussion – insbesondere mit Bezug zur Rolle von Arbeitgebern, Vorgesetzten, Weisungsbefugten und Führungspersonen – wird zwischen *drei möglichen Führungsstilen* unterschieden:

(a) Laissez faire: das Führungspersonal tritt zurück; man lässt Dinge sich entwickeln in der Hoffnung auf Kreativität; Vorgaben und Richtlinien werden nur sehr begrenzt gegeben.

(b) *Sozial-integrativ*: Man versucht durch Integration, Kommunikation, Interaktion und Kooperation optimal im Sinne der Berufssituation zu handeln.

(c) *Autoritär*: Arbeit mit Anweisung und Befehl von oben herab im Glauben, dass Menschen gleichsam auf Kommando funktionieren.

Auf der Basis einer Option für den Führungsstil (b) können folgende *Hinweise* gegeben werden:

- Die Kunst des Führens liegt in der richtigen und situationsgerechten Mischung von stärker *deduktivem* (d. h. bestimmendem) und *induktivem* (d. h. erkundendem) Vorgehen.

- Gute Führung erfordert *Sach- und Fachautorität*; Autorität abgeleitet allein aus der beruflichen Stellung reicht nicht aus.

- Man muss versuchen *Konfliktlösungen* zunächst zwischen den jeweils beteiligten Personen zu erreichen. Für den Fall des Nicht-Gelingens gilt es eine Sequenz von Beschwerdewegen einzuhalten um Konflikte zu lösen.

- Gute Führung benötigt *Zeit, Ruhe, Gelassenheit* und *Souveränität* im Umgang mit Mitarbeitern. So ist vor allem Teamfähigkeit zu erreichen.

- Führung gelingt eher, wenn einkalkuliert wird, dass jeder Mensch einen berechtigten Anspruch auf *Selbstbestätigung, Selbstwertentwicklung* und *Ichfindung* hat.

- Erfolgreiche Führung realisiert, wie wichtig es ist die *emotionale Seite* der Menschen zu berücksichtigen, vor allem durch Schaffung eines entsprechenden Umfeldes bzw. einer angenehmen Arbeitsatmosphäre.

Führung muss auf verschiedenen Ebenen stattfinden. Es nützt nichts im Licht falscher Ideologien so zu tun, als ob Menschen gleichsam über ein führungsloses Selbstregulierungssystem verfügen. Die gegebenen Hinweise mögen deshalb dazu beitragen, dass Führung human und mit Augenmaß abläuft, um somit sicherzustellen, dass sie auch erfolgreich ist.

2.6 Portfolio

Im Bereich der Wirtschaft haben sich in den vergangenen Jahren so genannte *„Assessment-Center"* immer stärker etabliert. Dort werden verschiedene Dimensionen beruflicher Leistungsfähigkeit evaluiert, d.h. ausgewertet; vor allem Prüfungsverfahren vor Einstellung in einem Beruf zählen dazu. Dies bedeutet, dass das Konzept der *Evaluation* (Auswertung) verstärkt in der *Berufswelt* zur Anwendung kommt.

Das Instrument *Portfolio* stellt eine zeitliche Erweiterung dar, in dem punktuelle Evaluation auf der Grundlage von Assessment gleichsam als Längsschnittkonzept angewandt wird. Dabei werden Daten bezogen auf berufliche Leistungen in bestimmten Abständen erfasst und festgehalten (konventionell) oder gespeichert (EDV-gestützt). Das Instrument *Portfolio* ist in der Schulbildung, in der *Berufsqualifizierung* und in der *Berufswelt* einsetzbar. Folgende *Aspekte* gilt es in diesem Zusammenhang festzuhalten:

- Es handelt sich beim *Portfolio*-Vorschlag je nach Sachlage um das *Feststellen und Festhalten vielfacher Daten*, die für Leistungen in der Schulbildung (z. B. DOLESU = Dokumentation der Leistungen im Sportunterricht), der Berufsqualifizierung und der *Berufswelt* relevant sind.

- Die Daten werden in einem *Heft, Buch oder EDV-gestützt* kontinuierlich festgehalten, so dass punktuelle Ist-Daten sowie Daten im Längsschnitt verfügbar sind.

- Ziel ist es zum einen die pädagogisch gesehen sehr wertvolle *„Selfevaluation"* zu ermöglichen, so dass Menschen lernen, mit drei Situationen umzugehen und Konsequenzen daraus zu ziehen: Verschlechterung, Gleichbleiben und Verbesserung der Leistung.

- Zum anderen soll eine Basis geschaffen werden, die es ermöglicht bei der Forderung nach Zeitverträgen *objektive Parameter* zu besitzen, nach denen die Entscheidung über Verlängerung eines Zeitvertrags gefällt werden kann.

- *Wissenschaftliche Untersuchungen* mit *Portfolio*-Instrumenten (DOLESU) zeigen, dass deren Einführung bei den Betroffenen selbst stark motivierend auf ihr Handeln wirkt und von dem entsprechenden Umfeld ebenfalls akzeptiert wird.

Das *Portfolio-System* ist für sich gesehen positiv einzuschätzen. Es gilt jedoch auch festzuhalten, dass ein vernetztes Vorgehen im Bezug auf die *Berufswelt* notwendig ist, da verschiedene Reformschritte nur gemeinsam wirken können wie z. B. Zeitverträge, Bezahlung nach Leistung und Portfolio.

2.7 Wirtschaftspolitik

Wirtschaft wird auch als *moderne Ideologie* bezeichnet, d.h. wirtschaftliche Überlegungen instrumentalisieren fast alle Bereiche des öffentlichen Lebens (wie z.B. Kultur, Sport, Medienwelt). Diese Tendenz hat sicher zum einen positive Effekte im Sinne eines *Aktivierungspotentials*. Zum anderen ist jedoch auch Achtsamkeit geboten, dass wirtschaftliche Interessen nicht zu sehr überhand nehmen und eventuell nicht mehr die jeweiligen Sachverständigen die Entscheidungen fällen, sondern die Wirtschaft, die dahinter steht.

Im Kontext von Aussagen zur *Wirtschaftspolitik* muss die im Rahmen der Analyse bereits mehrfach angesprochene Präferenz für das Modell der *Sozialen Marktwirtschaft* betont werden. Weder kommunistische Planwirtschaft noch extrem liberalistischer und nur profitorientierter Kapitalismus sind eine Antwort auf die heutigen globalen Herausforderungen aus wirtschaftlicher Sicht. So sind die folgenden *Hinweise* – wohl gemerkt von einem Nicht-Wirtschaftsexperten formuliert – im Kontext des Modells *„Soziale Marktwirtschaft"* zu sehen.

- Das *Wirtschaftssystem* darf nicht die anthropologische Grundtatsache, dass Menschen im Regelfall etwas leisten wollen, negieren; es muss vielmehr sicherstellen, dass Leistung und Arbeit sich lohnen.
- Nicht alle Bereiche menschlichen Lebens, wie z. B. Kultur, Bildung und Wissenschaft, erschließen sich gleichermaßen der *wirtschaftlichen Logik*. Wirtschaftspolitik muss so gestaltet sein, dass diese Bereiche nicht – wie zur Zeit üblich – völlig vernachlässigt werden und unterfinanziert sind.
- Es gibt weitere gesellschaftliche Bereiche, wie z. B. Gesundheit und öffentlicher Verkehr, die nicht in die totale kapitalistische Wirtschaftswelt entlassen werden dürfen. Hier sind gleichsam Sicherungen einzubauen, die diese Bereiche *sozial verträglich* gestalten.
- Schlanker Staat, kein überzogenes soziales Netz, das oft missbraucht wird, und moderate Lohnpolitik sind *Forderungen*. Anders ausgedrückt: Staatsquote, Sozialquote und Lohnnebenkosten sind niedrig zu halten.
- Die Menschen selbst können durch Aufgabe der *„Nulltarifmentalität"* und Investitionen in *Dienstleistungen* auch dazu beitragen, dass sich Wirtschaft positiv entwickelt.

Bei diesem Thema muss vor allem nochmals betont werden, dass letztlich wirtschaftliche Aspekte den Alltag, die Politik, kurzum das Leben einer Gesellschaft elementar bestimmen. Daraus ist abzuleiten, dass *Wirtschaftspolitik* selbstredend einen zentralen Verantwortungsbereich der *Berufswelt* bildet. Dabei ist sicherzustellen, dass es nicht zu einer so genannten „Wirtschaftsdiktatur" kommt.

2.8   Zeitdimension – Ortsdimension

Für die Weiterentwicklung der *Berufswelt* ist der Umgang mit *Zeit* und *Ort* als Parameter eine ganz entscheidende Bestimmungsvariable. *Zeit* und *Ort* sind für Verhalten und Handeln von Menschen ohnehin grundsätzlich ein wesentliches Element.

Aspekte wie Flexibilisierung, Dynamisierung, Nachhaltigkeit und Effizienz sind Stichworte, an deren Konkretisierung Erfolg in der *Berufswelt* zum großen Teil geknüpft ist.

(a) *Zeitdimension*: Diese kann durch folgende *Aspekte* konkretisiert werden:

- Eine gängige Unterscheidung von beruflichen Tätigkeiten lautet: *Ehrenamt, Nebenamt, Hauptamt*. Für die *Berufswelt* mit Bezahlung bzw. Vergütung für geleistete Arbeit – und nicht nur Begleichung der Sachauslagen wie beim Ehrenamt – ist die Gestaltung der Teilzeit und Vollzeitarbeit entscheidend. Hier ist es erforderlich, im Sinne der fairen und notwendigen Verteilung verfügbarer Arbeit auf möglichst viele Menschen immer mehr *Teilzeitarbeitsmodelle* zu realisieren, so wie es die jeweilige spezifische berufliche Situation erfordert.

- Sowohl bei Teilzeit- als auch bei Vollzeitarbeit darf es im Regelfall keine Lebenszeiteinstellung mehr geben; dies heißt, es muss mit *Zeitverträgen* gearbeitet werden. Diese können dann bei entsprechender Bewährung durchaus gestaffelt im Sinne zunehmender Dauer gestaltet werden.

- Flexibilisierung in der Zeitdimension kann auch durch Verwendung von *Arbeitszeitkonten* erreicht werden. Dieses Konto muss auf das Jahr gerechnet stimmen; wird es überzogen, gibt es zusätzliche Ferientage.

- Ähnlich wie beim Arbeitszeitkonto muss auch der Bereich der *Überstunden* nicht durch zusätzliche Bezahlung, sondern durch zusätzliche Urlaubstage ausgeglichen werden. Grundsätzlich sind Überstunden – soweit möglich – abzubauen.

(b) *Ortsdimension*: Diese kann durch folgende *Aspekte* konkretisiert werden:

- Die Entwicklung des *IT-Bereichs* lässt es zunehmend zu, dass als Arbeitsort sowohl der Betrieb als auch das Zuhause in Frage kommen. Dies ist vor allem im Kontext der Teilzeitarbeit eine interessante Variante zu herkömmlichen Arbeitszeitmodellen.

- Gibt eine konkrete Situation keine ganze Stelle her, so müssen Arbeitnehmer auch bereit sein, ggf. bei *zwei oder sogar drei Arbeitgebern* (und damit an verschiedenen Orten) zu arbeiten.

- Mit Ortsdimension ist schließlich auch gemeint, dass Menschen bereit sein müssen *umzuziehen* um Arbeit auch an einem anderen Ort anzunehmen als dem bisherigen Wohnort.

Würde bei der Gestaltung der *Berufswelt* die *Zeit- und Ortsdimension* – so wie hier in einigen Punkten angesprochen – stärker berücksichtigt werden, wären viele über Jahre geführte Diskussionen um die Weiterentwicklung der *Berufswelt* überflüssig; vor allem das Thema *Arbeitslosigkeit* würde dann die *Berufswelt* nicht so stark belasten, wie es heute der Fall ist.

3 Ganzheitliche Sichtweise der Berufswelt

Die hier vorgelegte Analyse basiert auf dem Bemühen, Dinge, Sachverhalte und Probleme aus *ganzheitlicher Sicht* zu sehen und zu beurteilen. Die ständige Ausdifferenzierung und Spezialisierung ist in sehr vielen Berufsfeldern und Lebensbereichen ein sicher unaufhaltsamer Prozess. Dieser hängt auch zusammen mit der Dynamik in der Entwicklung und Produktion von Wissen. Man kann diese Entwicklung auch in folgende Worte fassen: „Wir wissen immer weniger von immer mehr".

Genau diese Entwicklung muss jedoch ergänzt werden durch eine Wiederentdeckung der *Ganzheitlichkeit*. So ist es auch zu begründen, dass im letzten Teil der Ausführungen zur *Berufswelt* nochmals eine ganzheitliche Sichtweise in fünf Punkten erläutert wird:

- Dies betrifft ein Grundaxiom, genannt *Verhältnis von Arbeitgeber- zur Arbeitnehmerschaft*; beide Seiten müssen nach dem Politikverständnis in Deutschland zunächst als von der Politik unabhängige gesellschaftliche Bereiche ihre Aufgaben erfüllen.

- Die Positionierung der *Berufswelt*, d. h. ihre Stellung und Funktion auf *kommunaler Ebene* (in der jeweiligen Stadt bzw. Gemeinde), ist entscheidend für die Menschen, die dort arbeiten. Nur darauf aufbauend kann eine Blickerweiterung bis zur *Weltebene* sinnvoll erfolgen.

- Der enge Implikationszusammenhang von *Ausbildung – Fortbildung – Weiterbildung* ist mehrfach in dieser Analyse angesprochen worden. Im Kontext der *Berufswelt* wird diese Verbindung nochmals besonders deutlich.

- Jeder Bereich des gesellschaftlichen Lebens hat auf der Basis grundsätzlicher Wertvorstellungen eine spezielle Ethik; auch die *Berufswelt* muss sich im Rahmen einer *Berufsethik* entsprechend verantworten.

- Schließlich gilt es *Ganzheitlichkeit* nochmals auf die gesamte Thematik dieses Buches zu beziehen, in dem der Vierschritt *Elternwelt – Schulbildung – Berufsqualifizierung – Berufswelt* im Zusammenhang gesehen wird.

3.1 Arbeitgeberschaft - Arbeitnehmerschaft

Die *Berufswelt* bzw. Arbeitswelt ist wesentlich bestimmt durch die beiden Personengruppen *Arbeitgeber – Arbeitnehmer*, die im Licht der Ganzheitlichkeit vor allem auch in ihrer Beziehung und Kooperationsgestaltung zu sehen sind. Für beide Bereiche lassen sich wichtige *Perspektiven* formulieren:

(a) *Arbeitgeber* sind natürliche oder juristische Personen, in deren Dienst *Arbeitnehmer* stehen. Auf Grund des Arbeitsvertrags hat der *Arbeitnehmer* auf der einen Seite Anspruch auf festgelegte Leistungen (Weisungsrecht) und auf der anderen Seite die Pflicht, Entgelt zu zahlen und Fürsorge zu leisten (z. B. Kündigungsrecht). Auf der Basis dieses Rahmens werden folgende Hinweise als Anregung für das *Verhalten* und *Handeln* von *Arbeitgebern* formuliert:

- *Gewinnmaximierung* ist aus Arbeitgebersicht als Ziel zu akzeptieren; allerdings dürfen *soziale* und *humane Aspekte* dabei nicht vernachlässigt werden.
- *Motivationsfördernde Maßnahmen* (vgl. 2.2) sind zu beachten, da sie sich letztlich in Effektivitätssteigerung niederschlagen.
- Die Logik der Entwicklung unserer Gesellschaft von der (I) *Agrar-* zur (II) *industriellen Produktions-* und hin zur (III) *Dienstleistungsgesellschaft* muss deutlich zur Kenntnis genommen werden, d. h. (III) fördern, aber (I) und (II) nicht aus den Augen verlieren.

(b) *Arbeitnehmer* sind natürliche Personen, die durch privatrechtlichen Vertrag mit einem *Arbeitgeber* verpflichtet sind gegen Entgelt ihre Arbeitskraft zur Verfügung zu stellen (Treuepflicht). Auf der Basis dieses Rahmens werden folgende Hinweise formuliert als Anregung für das *Verhalten und Handeln von Arbeitnehmern*:

- Ehrliches und gezieltes *Engagement* für die eigene *Berufswelt*
- Pflege der „Tugenden" wie Pünktlichkeit, Zuverlässigkeit und Sorgfalt zur Sicherstellung der weltweit geschätzten Arbeitsleistung aus Deutschland
- Flexibles Verhalten in der *Zeit-* und *Ortsdimension* um Arbeitslosigkeit so gut wie möglich zu vermeiden und um dem Wirtschaftsprozess die notwendigen Arbeitskräfte zuzuführen

Im Sinne eines guten Zusammenspiels der beiden Pole sind folgende *Leitlinien* wichtig: Vorsichtiger Umgang mit der Wachstumsideologie; Beachtung internationaler Vergleiche; Kenntnisnahme von Ergebnissen der Arbeitswissenschaft; kooperative Lösung von Problemen in der *Berufswelt* um somit den freiheitlichen, vom Staat unabhängigen Standort der beiden Pole – *Arbeitgeber/Arbeitnehmer* – zu sichern; klares Bewusstsein, dass nur ein „Zusammenwirken" Perspektiven für die Zukunft bietet und so der Politik die Rahmenbedingungen abverlangt werden können, die eine gedeihliche Entwicklung der *Berufswelt* benötigt.

3.2 Stellung und Funktion der Berufswelt im Sechs-Felder-Modell

Ganzheitliche Betrachtungsweise bedeutet unter anderem, dass die Berufswelt deutlich im Kontext des *Sechs-Felder-Modells* zu positionieren ist:

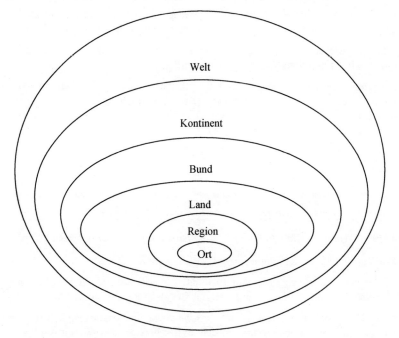

Abbildung 6 : Sechs-Felder-Modell

Hinter dieser Modell-Annahme steht eindeutig ein föderalistischer Gedanke, ein Plädoyer für *Dezentralisation*, Verwirklichung des *Subsidiaritätsprinzips* (Einflussnahme der nächst höheren Ebene auf die nächst niedrigere Ebene nur wo es nötig ist) sowie Nähe zu den betroffenen Menschen.

Die ständig zunehmende Komplexität von Zusammenhängen macht es dringend notwendig die Menschen gleichsam da abzuholen, wo sie sind. Wenn Menschen Zusammenhänge verstehen, sind sie eher zum Engagement bereit. Dies bedeutet auch die Alltagswelt nicht zu übersehen.

Eine weitere Stoßrichtung muss jedoch auch sein, die Dinge im Zeitalter der Globalisierung und Internationalisierung von der lokalen Ebene bis zur *Weltebene* zu durchdenken, was vor allem für die *Berufswelt* von zunehmender Bedeutung zu sein scheint. Dabei ist entscheidend, dass jeder der konzentrischen Kreise zu seinem Recht kommt, da nur auf diese Weise eine ehrliche und fruchtbare Arbeit über die jeweils nächsten Felder hinweg bis zur Weltebene möglich wird. Alles andere wäre ein Vorgehen ohne Bodenhaftung, das langfristig zum Scheitern verurteilt ist.

So wird hier ein eindeutiges Plädoyer abgegeben für eine konstruktive und fruchtbare Dialektik zwischen einem Zurückgehen an die *Basis*, das Besondere, und Hinwendung zur *Welt*, zum Allgemeinen.

3.3 Berufsethik

Ethik hat als Teildisziplin der Philosophie sicher zunächst eine übergeordnete Bedeutung im Sinne der Befassung mit Werten, Normen sowie Sinnfragen für Verhalten und Handeln der Menschen. Darüber hinaus hat Ethik eine zentrale Bedeutung für jeden gesellschaftlichen Bereich, hier also als Ethik für die *Berufswelt* als *Berufsethik*.

Auf einer nächsten Ebene ist Ethik für bestimmte Berufsfelder auszudifferenzieren, wie z. B. Ärzte, Wissenschaftler, Krankenschwestern, Lehrer, Wirtschaftsmanager.

Bezogen auf *Berufsethik* im grundsätzlichen Sinn werden im folgenden *Hinweise* gegeben, die ggf. dazu beitragen können, die starken Defizite im ethischen Bereich – auch bei der *Berufswelt* – aufzuarbeiten und auszugleichen.

- „Welten" im Allgemeinen und *Berufswelt* im Besonderen benötigen *Werte und Normen*, die Verhalten und Handeln der Menschen in diesen Welten bestimmen.

- Solche Werte und Normen können nicht von oben herab bestimmt werden, da sie sonst wenig Akzeptanz bei den Betroffenen finden. Sie müssen vielmehr im *Diskurs der Beteiligten* erarbeitet werden; dies sollte in einem Prozess geschehen, der so lange dauert, bis man einen Konsens gefunden hat im Hinblick auf akzeptierte Wert- und Normvorstellungen im Rahmen bestimmter sozialer Einheiten bzw. Berufsfelder.

- Werte und Normen haben sicherlich einen gewissen überdauernden Bestand. Auf der anderen Seite erfordert gesellschaftlicher Wandel auch *Wertewandel*. Dabei kann als Richtschnur gelten, keine Wandel- und Veränderungshektik zu entwickeln, sondern das Erhaltenswerte zu erhalten und das, was zu verändern ist, konsequent zu verändern.

- Keine Normen und Werte zu haben, ist die schlechteste aller Optionen. Die *philosophische Position* (*Postmoderne*) das „Alles ist möglich", „anything goes" oder „laissez faire" quasi als Wert zu akzeptieren, d. h. keine Werte zu haben, muss vollends überwunden werden, da Beliebigkeitsphilosophie auch für die *Berufswelt* mehr als abträglich ist.

Ungeachtet der Tatsache, dass man mit philosophischer bzw. ethischer Argumentationsbasis häufig als „Traumtänzer" bzw. Utopist bezeichnet wird, muss die Forderung nach *Berufsethik* für die *Berufswelt* als ein zentraler Bereich im Leben der Menschen ohne Wenn und Aber erhoben werden. Eine erste Argumentationsbasis dafür ist hier angedeutet worden.

3.4 Ausbildung – Fortbildung - Weiterbildung

Mit diesem Dreischritt wird eine Dimension berufsethischer Überlegungen direkt angesprochen, der vor allem unter der Perspektive der Ganzheitlichkeit zentrale Bedeutung zukommt (vgl. Kapitel C, 1.2.1).

An mehreren Stellen dieser Analyse ist dieser Dreischritt von Komponenten der Bildung und Erziehung bereits thematisiert worden. Im Kontext dieses Abschnitts geht es nochmals darum den Zusammenhang der drei Schritte zu sehen; so kann *Aus-, Fort-* und *Weiterbildung* von Menschen in optimaler Form durchlaufen werden um somit ihr privates und berufliches Leben lebenswürdig zu gestalten.

Dieses Kriterium *lebenswürdig* ist nochmals zu präzisieren. Dazu soll eine Metapher aus dem Bereich des alpinen Skifahrens Verwendung finden: Sinn des alpinen Skifahrens ist es sicher nicht den Hang hinunterzubremsen und dadurch Kraftverlust, Verkrampfung und wenig erfreuliche Erlebnisse zu haben. Es macht vielmehr Sinn zu schwingen, zu gleiten, sich harmonisch von einer Richtungsänderung zur nächsten zu bewegen. Sinn und Ziel des Lebens kann es – analog gesehen – nicht sein, nach Stolpersteinen und Problemen zu suchen, sondern positiv zu denken und zu handeln. Dies bedeutet sich flexibel und mit dem nötigen Rüstzeug durch das Leben zu bewegen.

Da der Beitrag zu einem so gesehen lebenswürdigen Leben zum großen Teil auf der Triade *Ausbildung – Fortbildung – Weiterbildung* beruht, ist dies als Konstante und unumgängliche Größe im menschlichen Leben zu sehen. Dabei kommt es ganz besonders darauf an, dass

- die *drei Aspekte* möglichst gut koordiniert werden, so dass die inhaltliche, zeitliche und örtliche *Abstimmung* funktioniert,
- *die drei Aspekte* mit leistungsorientierten Anreizen *versehen werden,*
- lebensbegleitendes Angebot vorhanden ist, um das Beste aus der kontinuierlichen Entwicklung zur so genannten *Wissensgesellschaft* zu machen und
- *berufsfeldspezifische Ausprägungen* konzipiert werden, die zwar für die einzelnen Berufsfelder spezielle Ziele verfolgen, aber auch die in diesem Kapitel im Einzelnen formulierten *Grundsätze* beachten.

Zum Abschluss dieses *zusammenfassenden Plädoyers* für *Ausbildung, Fortbildung* und *Weiterbildung* muss erwähnt werden, dass ein starkes Engagement in diesen drei Bereichen letztlich – vor allem auch mit Blick auf den Trend zur Dienstleistungsgesellschaft – ein günstiges Klima zur Schaffung von neuen Arbeitsplätzen bereitet.

3.5 Elternwelt – Schulbildung – Berufsqualifizierung – Berufswelt

Die Gesamtanlage dieses Buchs steht unter dem Zeichen der *Ganzheitlichkeit*. So wie diese implizit in verschiedenen Kapiteln, Teilen und Abschnitten dieser Analyse angesprochen wird, so wird sie explizit in der Gliederung des Buches in vier Kapiteln deutlich.

Dies bedeutet konkret, dass als letzte ganzheitliche Sichtweise für die *Berufswelt* der Implikationszusammenhang von *Elternwelt* über *Schulbildung* und *Berufsqualifizierung* zur *Berufswelt* thematisiert wird. Damit soll vermieden werden, dass man – um im Bild zu sprechen – bei einem kranken Bereich, d. h. der Bildung und Erziehung in Deutschland – nur Einzeldiagnosen vornimmt um hier und dort isoliert zu kurieren; die so genannte biographische und psychosomatische Medizin verspricht hier eher einen Heilungserfolg, was einer ganzheitlichen Vorgehensweise gleichkommt.

Dieser Gedanke der *Ganzheitlichkeit* muss Grundlage sein, will man wirklich für *Bildung* und *Erziehung* in *Deutschland* einen Weg vom *Niedergang* zum Ergreifen von *Aufstiegschancen* finden.

Konkret auf die *Berufswelt* bezogen heißt dies, dass die *Berufswelt* natürlich auch nur dann *optimal* gestaltet werden kann, wenn

- in der *Elternwelt* bestimmte Verhaltensdispositionen entsprechend gefördert,
- in der *Schulbildung* die notwendige zielorientierte Bildungs- und Erziehungsarbeit geleistet und
- die *Berufsqualifizierung* auf der Basis von Eignung und Interesse handlungs- und kompetenzorientiert geleistet worden ist.

Ganzheitlichkeit bedeutet auch, dass die vier Bereiche über die jeweils anderen Bereiche informiert sind um somit sachadäquate *Verbindungen* zwischen diesen vier Bereichen herstellen zu können.

So schließt sich der Kreis, indem unter dem Titel *Ganzheitliche Sichtweise für die Berufswelt* die Grundkonzeption dieser Analyse, bzw. dieses Buches, nochmals aufgegriffen und abschließend thematisiert worden ist. Konkret gesprochen, eine Gesamtsicht von *Elternwelt* über *Schulbildung* und *Berufsqualifizierung* zur *Berufswelt*.

ANSTELLE EINES NACHWORTS

Aufgaben in der Zukunft

Was kann man von Menschen im Allgemeinen erwarten?

Was kann man von Politikern im Besonderen erwarten?

Der Erfolg bei der Suche nach ganzheitlichen Wegen, um *Bildung und Erziehung in Deutschland vom Niedergang zum Ergreifen von Aufstiegschancen* zu führen, hängt zum einen vom Verhalten und Handeln der Menschen ab, das heißt vor allem von welchen Normen und Werten diese geleitet sind.

Zum anderen müssen Politiker ins Visier genommen werden, so dass sie entsprechende Rahmenbedingungen setzen, die es möglich machen Wege vom Niedergang zu Aufstiegschancen für Bildung und Erziehung in Deutschland zu beschreiten.

In einem *ersten Schritt* werden für die Beantwortung der beiden gestellten Fragen Beispiele für zukünftige Aufgaben formuliert, die gleichsam als theoretischer Bezugsrahmen für die Beantwortung der beiden Fragen dienen können.

Danach erfolgt in einem *zweiten Schritt* die Darlegung von *Werten aus der Sicht des Autors*, die handlungsleitend für alle Menschen sein sollten um *Elternwelt – Schulbildung – Berufsqualifizierung – Berufswelt* entsprechend zu gestalten.

Da das Verhalten und Handeln von Politikern die notwendigen Rahmenbedingungen setzt um den in dieser Analyse aufgezeigten Weg vom *Niedergang zum Ergreifen der Aufstiegschancen für von Bildung und Erziehung in Deutschland* auch zu bewältigen, werden in einem *dritten Schritt* Politiker angesprochen.

Aufgaben für die Zukunft

Beim heutigen Entwicklungstempo hat *Zukunft* schon immer begonnen bevor man sie richtig wahrnehmen kann. Entsprechende Weichen müssen also rechtzeitig gestellt werden um die Weiterentwicklung nicht zu verpassen, sie vielmehr konstruktiv mitgestalten zu können. Dazu bedarf es klarer Aufgaben für die Zukunft, von denen einige beispielhaft im Folgenden dargestellt werden:

➢ Zur Notwendigkeit einer ganzheitlichen Sichtweise des Menschen bzw. der Mensch als denkendes, fühlendes und sich bewegendes Wesen.

„Im Laufe der geschichtlichen Entwicklung des Menschen sind im Rahmen der philosophischen Anthropologie viele Auffassungen zum Menschsein erarbeitet worden; der Mensch sei nur Geist, nur Körper, nur Seele und Leib, oder er sei Geist, Seele und Leib in einem, um nur einige gegenteilige Positionen zu nennen. Zur Gestaltung eines humanen Lebens ist es notwendig, den Menschen nicht ideologisch gefärbt und einseitig zu sehen, sondern sich daran zu erinnern, was der Mensch wirklich ist. Pestalozzi (1745-1827) hat dies sehr genau zum Ausdruck gebracht, indem er gefordert hat, Kopf, Herz und Hand zu bilden. Damit hat er die heute weltweit akzeptierten drei Verhaltensbereiche, den kognitiven (Geist), den affektiven (Gefühl) und den motorischen (Bewegung), schon zu Beginn des 19. Jahrhunderts als Bildungsziele gefordert" (Haag, 1986, S. 92).

➢ Mehr Zeit für Bildung und Erziehung bzw. einer humanen kulturellen Entwicklung zuliebe.

Da es in der heutigen Welt offenbar immer schwieriger wird sich zurechtzufinden, bedürfen Kinder und Jugendliche, ja selbst Erwachsene *ein Leben lang* einer entsprechenden Bildung und Erziehung. Zeitalter werden gern mit bestimmten Merkmalen charakterisiert; so spricht man heute auch von Anbruch eines Bildungs- und Erziehungszeitalters, das konkret im Sinne humaner Grundsätze gestaltet werden muss. Dazu sollten *Elternwelt, Schulbildung, Berufsqualifizierung und Berufswelt* verantwortungsbewusst gestaltet werden, so dass man dem Verhalten und Handeln von Menschen vor allem in wertorientierter Hinsicht gerecht wird.

➢ Engagement in Bewegung, Spiel und Sport bzw. Möglichkeiten einer neuen Lebensqualität.

„Der Drang unserer Zeit nach gesteigerter Lebensqualität lässt sich in Bewegung, Spiel und Sport in direkter Weise befriedigen. Bewegung ist dabei der Ausgangspunkt als ein menschliches Grundbedürfnis. Der Mensch bewegt sich in drei typischen, zeitlich unterscheidbaren Situationen: Arbeitstätigkeiten – Alltagshandlungen – Freizeitaktivitäten. Sport steht für ein breitgefächertes Spektrum von leistungsorientierten, reglementierten wie technischen Möglichkeiten, die das Bewegungsverhalten für Gesundheit und Freizeit des Menschen unterstützen. Spiel schließlich kann in vielen Ausprägungsformen auch sportlich sein und stellt unter den heutigen Lebensbedingungen ein ablenkendes Element im Alltag dar" (Haag, 1986, S. 96).

➢ Erwerb, Erhalt und Verbesserung der Gesundheit bzw. ein kostbares Gut menschlichen Lebens.

„Ausgangspunkt ist die Aussage der Weltgesundheitsorganisation (WHO): Gesundheit hat eine physische, psychisch-geistige und soziale Komponente; sie bedeutet nicht im Sinne eines Negativverständnisses lediglich Freisein von Krankheit, sondern ein positives Lebensgefühl, Wohlbefinden, Ausgeglichenheit und Zufriedenheit" (Haag, 1986, S. 97-98).

➢ Arbeit als Lebensinhalt bzw. ein Weg, um dem Grundbedürfnis des Menschen nach Leistung nachzukommen.

Die Verfügbarkeit, Gestaltung und Verteilung von *Arbeit* unter den Prämissen eines *sozialen und freiheitlichen Rechtsstaats* ist sowohl *international* als auch *national* gesehen zu einer grundlegenden Aufgabe geworden. Die Berücksichtigung des gesellschaftlichen Wandels in den letzten 100 Jahren von der Agrar- zur Industrie- und zur heutigen *Dienstleistungsgesellschaft* ist unbedingt erforderlich, wenn man *Arbeit* in ausrechendem Maße verfügbar machen will. Ebenso ist zu analysieren, wie lange die *Verweildauer* im *Arbeitsprozess* sein soll um einerseits Lebensvorsorge für das Alter zu treffen und andererseits aber auch möglichst vielen Menschen die Chance zu geben sich in beruflicher Arbeit zu betätigen und ihr Leistungspotential dort zu verwirklichen.

➢ Zunahme möglicher Freizeit bzw. ein ständig an Bedeutung gewinnender Lebensraum.

„Es ist unbestritten, dass die freie Zeit, in der man weder Alltagsbeschäftigungen noch Arbeitspflichten nachgeht, weiter zunimmt. Freizeit bedeutet Freiheit; Freiheit kann aber nur dann erhalten werden, wenn Freiheit „wovon" auch als Freiheit „wozu" gesehen wird. Dieses „wozu" verpflichtet; der Mensch sollte die durch Freizeit gewonnene Freiheit als Anreiz zu positiver Freizeitgestaltung verstehen. Dieser Ausblick gewinnt bei knapper werdender Arbeit an Bedeutung. Dies ist auch eine Herausforderung, auf die wir uns heute schon vorbereiten sollten" (Haag, 1986, S. 99).

➢ Nord-Süd-Gefälle bzw. die Verpflichtung zur Schließung der Schere.

„Die Welt ist durch Flugverkehr, Nachrichten in Wort und Bild sowie Mobilität von Menschen enger zusammen gerückt. Wohlstand in dem einen und Hungersnot in dem anderen Staat sind weltweit bekannt. Reichtum hier sowie Armut dort bleiben nicht verborgen und schaffen Spannungen gefährlicher Art. Projekte der Entwicklungshilfe versuchen Abhilfe zu schaffen" (Haag, 1986, S. 100).

➢ Islam und westlich orientierte christliche Welt bzw. zur Vermeidung eines Kampfes der Kulturen.

Nachdem der Ost-West-Gegensatz (Kommunismus – Kapitalismus) über-wunden ist, sollte die Menschheit sich keine neue Frontlinie leisten. Ein neuer Kampf, ein *Kampf der Kulturen,* der sehr stark religiös unterlegt ist, droht zwischen Islam und der so genannten westlichen Welt. Beide Welten sollten nicht länger glauben, dass sie andere Menschen missionieren und für ihre Sache gewinnen müssten. Selbstbeschränkung und Toleranz im Sinne der Akzeptanz anderer Kulturen und vor allem verschiedener Religionen muss die Leitlinie für Verhalten und Handeln der Menschen sein (*kulturelle Vielfalt*).

➢ Politik bzw. der Versuch, Wege zum „größten Glück der größten Zahl" von Menschen zu begehen.

„Eine wesentliche Herausforderung besteht darin, dass Politik wieder ihre eigentliche Mitte findet, dass Politiker sich weniger mit sich selbst und ihrer eigenen Machterhaltung befassen als vielmehr mit den ungelösten Problemen dieser Zeit. Diese Forderung kann mit dem Ziel „das größte Glück der größten Zahl" an Menschen zu erreichen umschrieben werden. Die Bewältigung der weltweit anstehenden Probleme macht es dringend not-wendig, dass sich Politik auf ihre eigentliche Verantwortung zurück besinnt" (Haag, 1986, S. 102).

Auf dem Hintergrund dieser – beispielhaft dargestellten – neuen Aufgaben für die Zukunft wird jetzt versucht, Antworten auf die eingangs gestellten beiden Fragen zu finden.

Was kann man von Menschen im Allgemeinen erwarten?

Der Mangel an Orientierung, insbesondere *Wertorientierung*, wird oft beklagt. Wo sind die Leitbilder? Was gilt wirklich? Welche Werte haben Bestand? Dies sind Fragen, die zunehmend häufiger gestellt werden.

Mögliche Antworten werden im Folgenden gegeben; diese Antworten implizieren Werte bzw. Orientierungen, die andeuten, was man von Menschen im Allgemeinen erwarten kann, damit eine Gestaltung dieser Welt mit möglichst hoher Lebensqualität für möglichst viele Menschen gelingt.

Dem stehen oft Probleme wie z. B. Drogenmissbrauch, Alkoholismus, Gewalttätigkeit und Kriminalität entgegen. Man kann diese Probleme v. a. auch bei jungen Menschen oft darauf zurückführen, dass sie kaum positiv einzuschätzende Werte als Orientierungspunkte kennen. Menschen sind dann gleichsam „heimatlos" und um so mehr in Gefahr sich den erwähnten Negativtrends hinzugeben.

Dabei kann man sich über Werte sicher streiten; nicht alle Werte werden von allen Menschen gleichermaßen akzeptiert. Es bedarf jedoch eines *minimalen Grundkonsenses* auf dieser Welt um eine Situation, in der „homo homini lupus est" zu verhindern (Weltethik).

Die folgenden Wertvorstellungen bzw. Orientierungen für Verhalten und Handeln von Menschen werden in vier Gruppen dargestellt, wobei sich diese Gruppen nicht unbedingt bis in die letzte Konsequenz voneinander trennen lassen: *gesellschaftliche Prämissen, individuelle Prämissen, Forderungen* und *Konsequenzen* (Haag, 1986, S. 79-90):

(a) **Gesellschaftliche Prämissen:** Es gibt eine Reihe von Wertvorstellungen, nach denen eine gesellschaftlich-orientierte Gestaltung des Lebens erfolgen sollte. Diese sind vor allem deswegen deutlich zu machen, da die Wertvorstellungen aus den anderen drei Gruppen gleichzeitig auch in diesem gesellschaftlichen Kontext zu sehen sind.

Glück für alle Menschen

Das zentrale Ziel des menschlichen Lebens sollte es sein dazu beizutragen, dass das größte Glück der größten Zahl von Menschen Wirklichkeit wird.

Arbeit oder Freizeit

Man sollte entweder arbeiten oder sich der Freizeit hingeben; beides zugleich, vermischt und nichts von beidem richtig, vermindert die belebende Wechselwirkung von Spannung und Entspannung.

Freiheit „wovon" und Freiheit „wozu"

Freiheit hat als eines der wertvollsten Merkmale des menschlichen Lebens zwei Seiten wie eine Münze: Freiheit wovon und Freiheit wozu? Das „Frei-wovon" wird gern und weitgehend akzeptiert, weil es entlastend wirkt. Das „Frei-wozu" wird hingegen oft übersehen, weil damit Verantwortlichkeit verbunden ist.

Kulturelle Vielfalt

Weltweit besteht die Gefahr, dass kulturelle Vielfalt immer mehr verloren geht. Es ist jedoch eine wichtige Aufgabe des Menschen an der Erhaltung kultureller Vielfalt mitzuwirken. Gepaart damit sollte die Achtung anderer Kulturen sein, da kultureller Austausch ein bedeutendes Mittel internationaler Bereicherung und Verständigung ist.

Toleranz und Kompromissfähigkeit

Das komplexe Leben braucht heutzutage Toleranz und Kompromissfähigkeit. Andernfalls können Situationen entstehen, in denen der „Krieg aller gegen alle" ausbricht. Sowohl staatliche als auch private Gewalt sind zur Lösung von Problemen abzulehnen. Dialog bis zum Finden von Problemlösungsstrategien zur Bewältigung auftretender Probleme ist erforderlich.

Welt als Konfliktbereich

Man muss realistischerweise davon ausgehen, dass Konflikte immer Teil des menschlichen Lebens sein werden. Es ist jedoch wichtig Konflikte zunächst auf der Ebene zu lösen, auf der sie entstehen. Erst wenn dies scheitern sollte, muss man zu anderen Lösungsstrategien greifen, d. h. gegebenenfalls übergeordnete Gremien mit der Konfliktlösung beauftragen.

Umkehrbares (reziprokes) menschliches Handeln

Man sollte handeln nach dem Wort: „Was du nicht willst, dass man dir tu', das füge keinem andern zu". Eine Beherzigung dieses Grundsatzes kann dazu beitragen Probleme im Zusammenleben von Menschen zu minimieren.

(b) Individuelle Prämissen: Individuelle und soziale Aspekte sollten sich die Balance halten, da beide als Vollzugsformen Bedeutung für das menschliche Leben haben. Eine Verabsolutierung der einen oder anderen Seite entspricht nicht der realen Lebenssituation. Beispiele für individuelle Prämissen sind:

Volles Engagement für ein Ziel

Statt vieles gleichzeitig zu tun, sollte man sich auf weniges konzentrieren, dort aber seine volle Kraft einsetzen. Erfolg ist dann das schönste Geschenk.

Notwendigkeit von Selbstbestätigung und Selbstvertrauen

Jeder Mensch hat ein Bedürfnis, Selbstbestätigung zu gewinnen und Selbstvertrauen zu entwickeln. Stellt man dies nicht nur bei sich, sondern auch bei seinen Mitmenschen in Rechnung, wird der Umgang miteinander leichter.

Leben in der Gegenwart

Man lebt nicht nur um zu arbeiten, sondern man arbeitet um zu leben. Dies bedeutet, dass es auch wichtig ist, neben der Arbeit vor allem Zeit für sich selbst aber auch für den Partner und die größere Bezugsgruppe, in der man lebt, zu haben. Das Verweilen in Vergangenem und das Vorauseilen in die Zukunft dürfen die Gegenwart des individuellen Seins nicht ersticken.

(c) **Forderungen:** Aus den gesellschaftlichen und individuellen Prämissen als Orientierungspunkte für die Entwicklung entsprechender Wertvorstellungen ergeben sich Forderungen, die gleichsam zentraler Bestandteil der Wertorientierung einer Lebensphilosophie sein sollten.

Entscheiden auf der Grundlage von Alternativen

Im Leben sind ständig Entscheidungen zu treffen. Wenn dabei mehrere Alternativen berücksichtigt werden, ist dies ein Zeichen für Offenheit sowie Dynamik und führt unter Umständen zu besseren Entscheidungen für letztlich eine Alternative.

Vergleichen und Auswerten

Vergleichendes Auswerten ist eine im menschlichen Leben ständig notwendige Verhaltensweise um zu einer ausgewogenen Beurteilung und Einschätzung von Situationen und Menschen zu kommen. Richtet sich dieses vergleichende Auswerten auch auf die eigene Person (Selbstauswertung) so kommen dadurch Realitätssinn, Kritikfähigkeit, Offenheit und Selbstsicherheit zustande, welche zur rationalen Lösung anfallender Probleme wesentlich beitragen können.

Eigene Leistungsorientierung

Zweifelsohne ist Leistungsorientierung ein integraler Teil des menschlichen Lebens. Es ist jedoch wichtig, dass sie vom Individuum selbst gewollt und nicht von außen aufgezwungen wird, möglichst auch prozessorientiert ist sowie auf relativen Maßstäben beruht.

Ordnung und Organisation

Diese beiden Aspekte stellen in optimaler Ausprägung sicher, dass unnötige und überflüssige Arbeit vermieden werden kann. Man schafft sich dadurch Freiräume für wichtige und sinnvolle Tätigkeiten.

(d) Konsequenzen: Schließlich lassen sich Wertvorstellungen in Form von Konsequenzen ableiten. Als Beispiele dienen zwei Wertorientierungen allgemeiner und zwei bewegungs-, spiel- bzw. sportspezifischer Art.

Freude im Leben

Freude ist eine wichtige Erfahrung im Leben; Freude ist sogar eine Vorbedingung zum Erbringen selbstbestimmter Leistung.

Ruhe und Gelassenheit

Eine der wesentlichsten Verhaltensregeln für das Leben des heutigen Menschen ist: Ruhe bewahren. Mit einem gewissen Abstand erscheinen Probleme oft in einer anderen Perspektive und lassen sich eher emotionsfrei und rational lösen.

Spielen als grundlegende Verhaltensweise

Nach Schiller ist der Mensch nur dann ganz Mensch, wenn er spielt, und er spielt nur, wenn er ganz Mensch ist. Wenn Menschen mehr spielen würden (Tun des an sich Überflüssigen), sähe es auf der Welt wahrscheinlich anders (ggf. besser?) aus.

Emanzipation durch Bewegung

Bewegungsverhalten ist eine grundsätzliche Form menschlichen Verhaltens, in der man sich seiner selbst, seines Körpers und dessen Möglichkeiten bewusst wird. Dabei tritt das „Ich" des Menschen über seinen Leib mit Hilfe von Bewegung mit der Umwelt in Verbindung und holt umgekehrt Eindrücke aus der Umwelt durch Bewegung zurück zum „Ich". Je größer der Bewegungsspielraum eines Menschen ist, desto besser kann er diesen Prozess durchlaufen, desto emanzipierter, d.h. eigenständiger, freier und unabhängiger ist er.

Ausgangspunkt all dieser Überlegungen war die These, dass das Leben der Menschen dringend einer *Wertorientierung* bedarf. Die vorgeschlagenen Wertorientierungen sind Beispiele für Antworten auf die wichtige Frage: *Was kann man von Menschen im Allgemeinen erwarten?*

Selbst wenn es nun gelingen sollte, in dieser angedeuteten Richtung die *Bewusstseinslage von Menschen* und damit ihr Verhalten und Handeln zu verändern, bedarf es immer auch entsprechender *Rahmenbedingungen* (Verhältnisse), die letztlich von politischen Entscheidungsträgern auf verschiedenen Ebenen gesetzt werden.

Konsequenterweise werden im Folgenden abschließend Aussagen zur Politik gemacht, d. h. es werden Antworten gegeben auf die ebenfalls wichtige Frage: *Was kann man von Politikern im Besonderen erwarten?*

Was kann man von Politikern im Besonderen erwarten?

Gesetzt die hier gegebenen beispielhaften Antworten auf die Frage: *Was kann man von Menschen im Allgemeinen erwarten?* würden so zutreffen und auch für Politiker kennzeichnend sein, wäre dies noch nicht ausreichend um politisches Handeln so zu gestalten, dass *Bildung und Erziehung in Deutschland* nicht Mittelmaß sind, beziehungsweise dem Niedergang anheimfallen, vielmehr Aufstiegschancen in absehbarer Zeit auch wahrgenommen werden können.

Deshalb soll abschließend ein heute gültiges *Axiom* im Bereich der *Politik* kritisch beleuchtet werden; dies betrifft die Tatsache, dass – von Ausnahmen abgesehen – es zum großen Teil Berufspolitiker gibt, die das „Politikmachen" zum *lebenslangen Beruf* haben werden lassen. Dies ist ein völlig falsches Politikverständnis und ist letzten Endes die Ursache dafür, dass Politik zunehmend gar nicht die zentralen Probleme der Menschen löst, die es zu lösen gilt. Statt dessen sind viele Politiker auf allen Ebenen vorwiegend damit befasst sich im Amt zu halten und gehen bisweilen auch Entscheidungen aus dem Weg, die ggf. unpopulär sind (Wählerstimmen kosten), langfristig jedoch richtig erscheinen im Sinne der Sicherstellung einer optimalen Lebensqualität möglichst vieler Menschen.

Kurzum, das eindeutige *Plädoyer* lautet: Für Politiker in der Legislative und Exekutive von Bund und Ländern sind maximal zwei bis drei Legislaturperioden (8-12 Jahre) möglich (vergleichbar dem Präsidenten in den USA und dem Bundespräsidenten in Deutschland); danach wird eine angemessene Übergangs-unterstützung als Hilfe für die Rückkehr in den Beruf gewährt. Die Kontinuität ist dabei durch die Verwaltungen bzw. Bürokratien ausreichend gewahrt.

Begründung für diesen Vorschlag:

> ➢ Zurückdrängung eigener Wahlinteressen und stärkere Hinwendung zu *Sachthemen* der Politik
> ➢ Chance zur besseren *Repräsentation von Berufen* in der Politik
> ➢ Durch ein rotierendes System (z. B. scheidet ein Teil der Politiker jeweils nach vier Jahren aus) Gewinn an *Kreativität* und *Innovationskraft*

➤ *Ende der Tendenz:* Politik als *Selbstbedienungsladen*

➤ Politik mit *Bodenhaftung* und nicht immer stärker werdender Entfernung der Politiker von den Bürgern

➤ Chance zur *Eindämmung* von *Polit-Skandalen*

Gesagt – getan, jedoch nur realistisch im Sinne der Verwirklichung, wenn im Jahr 2002 die Parlamente entscheiden, dass dies ab etwa 2025 gilt, da es diejenigen, die sich jetzt im endlosen Politikkarussell befinden, dann nicht mehr betrifft.

Das Nachwort des Autors enthält ggf. zu viele Wünsche an Verhalten und Handeln von Menschen im Allgemeinen und von Politikern im Besonderen. Gelingt es jedoch nicht, möglichst viele Menschen in unserem Land wieder stärker für Fragen von Bildung und Erziehung zu interessieren sowie schlüssige Antworten auf drängende Fragen zu finden – was wiederum eine Änderung von Bewusstseins-lagen durch entsprechende Wertorientierung bei Menschen impliziert – dann befinden wir uns auch weiterhin im Niedergang. Statt dessen sollten wir u.a. die in dieser Analyse angesprochenen Aufstiegschancen wahrnehmen, prüfen und er-greifen. Dies wäre der beste Dienst, den wir zukünftigen Generationen in Deutschland erweisen können.

LITERATURHINWEISE

Haag, H. (1986). *Bewegungskultur und Freizeit. Vom Grundbedürfnis nach Sport und Spiel.* Osnabrück: Fromm.

Haag, H. (1994). *Terminologische Klärung forschungsrelevanter Begriffe. In B. Strauß & H. Haag (Hrsg.), Forschungsmethoden – Untersuchungspläne – Techniken der Datenerhebung in der Sportwissenschaft* (S. 23-25). Schorndorf: Hofmannn.

Haag, H. (1995). *Sportphilosophie.* Frankfurt: Diesterweg & Sauerländer.

Kwiatkowski, G. (Hrsg). (1987). *Schülerduden. Der Sport.* Mannheim / Wien / Zürich: Dudenverlag.

MBWFK (Hrsg.). 1997. *Lehrplan Sport für die Sekundarstufe I der weiterführenden allgemeinbildenden Schulen Hauptschule, Realschule, Gymnasium, Gesamtschule.* Glückstadt: Glückstätter Werkstätten.

Regensburger Projektgruppe (2001). *Bewegte Schule – Anspruch und Wirklichkeit.* Schorndorf: Hofmann.

Strauß, B. & Haag, H. (1994). *Forschungsmethoden – Untersuchungspläne – Techniken der Datenerhebung in der Sportwissenschaft. Forschungsmethodologische Grundlagen.* Schorndorf: Hofmann.